HEYNE
BÜCHER

W0084814

Das Buch

CASABLANCA – das ist der vielleicht bekannteste Film der Filmgeschichte, der Kultfilm par excellence. Seine Magie, sein Mythos sind ungebrochen, seine Anziehung funktioniert noch heute: Generationen, die zur Zeit seiner Entstehung noch lange nicht geboren waren, sehen den Film mit der gleichen Begeisterung wie diejenigen, die ihn schon zum zwanzigsten Mal in sich aufsaugen, seine Dialoge nachsprechen und ihr Verhalten mit dem von Humphrey Bogart abstimmen . . .

CASABLANCA – das ist Kino pur.

Dieses Buch zeichnet die Entstehungsgeschichte von CASABLANCA nach, deckt auf, wie es zu diesem Wunder der Filmgeschichte kam, wer daran beteiligt war, und versucht zu ergründen, warum CASABLANCA auch fünfzig Jahre nach seiner Entstehung mit gleichbleibender Begeisterung gesehen und mehr als andere Filme geliebt und verehrt wird.

Der Autor

Andreas Missler-Morell, Jahrgang 1958, ist Regisseur und Autor. Er lebt in München und in diversen Hotelzimmern. Im Wilhelm Heyne Verlag sind von ihm bereits zwei Biographien erschienen: Charles Laughton (Bd. 32/141) und Sir Alec Guiness (Bd. 32/106).

ANDREAS MISSLER-MORELL

Ich seh' dir in die Augen, Kleines

Casablanca – Der Kultfilm

Originalausgabe

WILHELM HEYNE VERLAG
MÜNCHEN

HEYNE ALLGEMEINE REIHE
Nr. 01/8607

Redaktion: Cornelia Zumkeller und Petra Neumann

Copyright © 1992 by Autor und Wilhelm Heyne Verlag GmbH & Co. KG, München
Printed in Germany 1992
Umschlagillustration: Lothar R. Just, München
Umschlaggestaltung: Atelier Ingrid Schütz, München
Satz: Kort Satz GmbH, München
Druck und Bindung: RMO, München

ISBN: 3-453-06109-8

Inhalt

Casablanca
oder
die »Wiedergeburt
der Götter«

Casablanca – das Echte. Dennoch könnte man beinahe meinen, ein Filmarchitekt aus Hollywood habe es gebaut.

Casablanca

Ein magisches Wort. Ein bedeutungsvolles Wort. Und ein Wort mit vielen Bedeutungen.

Casablanca – das ist eine Stadt an der marokkanischen Küste, durch die der Schirokko gelben Wüstensand bläst, in der weißverhüllte Gestalten in den Türnischen sitzen und Fremde, die vom Wind über die Straße gewirbelt werden, mit mißtrauischer Neugier beobachten, und in der an manchen Tagen reglose Gestalten stundenlang über das Meer träumen, auf der Suche nach fernen Gestaden und Geschichten . . .

Casablanca – das ist aber vor allem ein Mythos: der Mythos eines Schwarzweißfilms aus Hollywood, dessen künstliche Realität uns heute realer scheint als die reale Künstlichkeit des wirklichen Casablanca, des echten . . .

Casablanca, das wahre, falls es die Wahrheit einer Stadt gibt, glaubt jeder zu kennen: Niemand will mehr hinter die Kulissen blicken und etwas anderes sehen als Schwarzweiß.

Casablanca, das ist ein Potemkinsches Dorf: der existierende Beweis dafür, daß Mythen lebendiger sind als Realitäten.

Vergessen wir deshalb also die Realität, und wenden wir uns statt dessen dem Wahren, Echten zu, eben der Künstlichkeit: dem Film.

Denn *Casablanca* ist fünfzig Jahre alt.

In Wirklichkeit ist *Casablanca* natürlich alterslos. Die Anziehungskraft seiner schwarzweißen Bilder hat auch über die Jahre nicht nachgelassen, sondern ist – besonders seit den Siebzigern – eher noch größer geworden.

Casablanca, seine Dialoge und die Gestik seiner Figuren, seine Musik und Atmosphäre gehören zum Ausdrucksrepertoire sowohl älterer Generationen als auch der Teenager. Überall auf der Welt sind Nachtvorstellungen in Kinos voll von unterschiedlichsten Menschen, die sich in einer solchen Zusammensetzung vielleicht noch nie im Kino getroffen haben und vielleicht auch nie mehr zusammenfinden werden.

»Wenn *Casablanca* in amerikanischen Studentenkinos gezeigt wird«, schreibt Umberto Eco, »begleiten dort auch die Zwanzigjährigen jeden großen Moment und jeden kanonischen Spruch (. . .) mit Ovationen, wie sie normalerweise für Treffer beim Baseball reserviert sind.« Und so ist es nahezu überall auf der Welt!

Umberto Eco folgert daraus, daß *Casablanca* kein gewöhnlicher, banaler und nicht weiter bemerkenswerter Fall von Nostalgie sei, sondern etwas Besonders: nämlich ein Kultfilm.

Und schon beginnen die Schwierigkeiten.

Alle reden von Kultfilmen, doch keiner weiß so ganz genau, was das ist. Die Definitionen reichen vom lateinischen »cultus« (Pflege im Sinne von Verehrung einer Person oder eines Gegenstandes) bis zu prosaischen Erklärungen wie: »Ein Film, der im Ersteinsatz bei Kasse und Kritik durchgefallen ist, dann durch Wieder- und Spezialaufführungen seinen Weg beim Publikum gemacht hat« (Stuart Byron, Film Comment). Hellmuth Karasek versucht sich im »Spiegel« mit folgender Definition: »Ein Film, dessen Wirkung sich nicht aus seiner Qualität herleiten läßt. Weniger vornehm ausgedrückt: ein Film, bei dem man auf die Frage: ›Verstehst du, warum da alle hingehen?‹ mit ›Versteh' ich auch nicht‹ antwortet.« Manch einer versteigt sich bei seinem Erklärungsversuch zu kühnen Behauptungen: »Kultfilme bieten Heimersatz und Religionsersatz in einer heillosen Zeit« (Dirk Manthey) – im Grunde also eine »Utopie als Konserve« (Heinzelmeier, Menninger & Schulz).

Keine dieser Definitionen ist wirklich richtig, und doch ist auch keine von ihnen wirklich falsch. Das Wesen des Kultfilms scheint gerade darin zu liegen, sich in keine Definition fassen zu lassen: Immer wieder werden Filme zu Kultfilmen, die anders sind als alles, was vorher zum Kultfilm erhoben wurde.

Nur eine einzige Sache ist gewiß: Ein Kultfilm wird nicht

vom Schauspieler, Regisseur, Drehbuchautor oder Produzenten gemacht, sondern einzig und allein vom Zuschauer! Ganz allein er entscheidet, welchen Film er in die Kategorie des Göttlichen erhebt – und sich selbst somit in den Rang eines »Kultisten«: Eines »film freaks«, dem das Miterleben eines Films wichtiger ist als der Film selbst, der das Lebensgefühl des von ihm zum Kultfilm erwählten Films zur Schau stellt und sich damit in gewisser Weise selbst definiert. Und so haben Heinzelmeier & Co sicher ganz recht, wenn sie als letzte ihrer 41 (!) Thesen zum Kultfilm die Wechselwirkung Zuschauer–Film herausstellen: »Aktuelle Massenerfahrungen wie Vereinsamung, Sinnverlust, gesellschaftliche Ohnmacht, Furcht werden durch Kultfilme überhöht. Diese Erfahrungen sind vom Kultfilm längst zum Mythos erhoben. Private Erfahrung wird zum Zivilisationsmythos, Einsame bewundern sich selbst im Mythos ihrer Einsamkeit, Verlierer im Mythos heroischen Scheiterns, Geängstigte können den Schrecken genußvoll erleben, Außenseiter ihr Außenseitertum.«

Die Vielfalt der in *Casablanca* versammelten »zeitlos/zeitgenössischen« Emotionen ist vielleicht ein – wenn nicht *der* – Schlüssel zu seinem dauernden Erfolg, zu seinem alterslosen Sein. Fast könnte man von einem Zuviel an Emotionen sprechen, aber eben nur fast: Denn in *Casablanca* scheinen nahezu alle Wünsche, Hoffnungen, Sehnsüchte und Begierden eingeflossen zu sein, die ein sterblicher Kinobesucher hegt. In *Casablanca* verschmelzen alle anderen Filme – und das auf eine so geniale Weise, daß der Zuschauer dies kaum bemerkt. Oder, wie Umberto Eco es formuliert, »man ist versucht, *Casablanca* zu lesen, wie Eliot *Hamlet* gelesen hat. Dessen Faszinosum er nicht auf seine Gelungenheit zurückführte, im Gegenteil (. . .) gerade auf seine Mängel (. . .) Mit *Casablanca* ist, in kleineren Proportionen, das gleiche geschehen: Unter dem Zwang, eine Handlung aus dem Stand zu erfinden, haben die Autoren kurzerhand alles hineingetan. Und um alles hineinzutun, haben sie ins Repertoire des bereits Erprobten gegriffen.

14

Wenn man aus dem Repertoire des bereits Erprobten eine beschränkte Auswahl trifft, gelangt man zum Genrefilm, zum Serienfilm oder gar zum Kitsch. Wenn man jedoch mit vollen Händen hineingreift und wirklich *alles* nimmt, gelangt man zu einer Architektur wie der von Gaudis Sagrada Familia. Man gerät ins Taumeln, man streift die Genialität. (. . .) So ist *Casablanca* nicht ein, sondern viele Filme, eine Anthologie.«

Belassen wir es bei diesem kurzen analytischen Appetithäppchen. Lassen wir die Frage offen, was ein Kultfilm ist und ob *Casablanca* der Höhepunkt aller Kultfilme sein könnte. Geben wir uns lieber dem Gefühl hin, einen Film (und darin eben eingeschlossen: viele Filme) zu lieben, der – aus welchen Gründen auch immer – die Grenze zur Perfektion streift, der uns mit den immer gleichen Gefühlen an den immer gleichen Stellen rührt, der uns noch beim zehnten Mal wie kleine Kinder jubeln, in die Hände klatschen oder laut aufschluchzen läßt. Schauen wir uns deswegen ganz einfach noch einmal *Casablanca* an, den Film, der uns, wie Eco es so schön formuliert, »ins Taumeln geraten läßt«. Und denken wir dabei an die Lektion von John Fords *The Man Who Shot Liberty Valance* (1962), eines anderen großen Films, der uns gelehrt hat, daß nichts so wichtig ist wie ein Mythos: »When the legend becomes fact, print the legend.«

Erzählen wir also ein bißchen von der Legende, mit einem vorsichtigen Auge hinter die Kulissen, mit Neugier im Blick und Liebe im Herzen, mit dem Wissen um die Vergänglichkeit der Zeit und die Dauer der Emotionen. Kurz, erzählen wir davon, wie alles begann, wurde und endete.

»King of the City«: Humphrey Bogart, ganz im Bewußtsein seiner mythischen Außenseiter-Qualitäten.

© Deutsches Institut für Filmkunde

Casablanca
sehen

© Robert Fischer

Szene 22/Airport/Flughafen

Renault: You may find the climate of Casablanca a trifle warm, Major.

Strasser: Oh, we Germans must get used to all climates from Russia to the Sahara. But, perhaps, you were not referring to the weather?

Renault: What else, my dear Major?

Strasser: By the way, the murder of the couriers, what has been done?

Renault: Oh, realizing the importance of the case, my men are rounding up twice the usual number of suspects.

Heinze: We know already who the murderer ist.

Strasser: Good. Is he the custody?

Renault: Das Klima in Casablanca wird Ihnen vielleicht etwas heiß sein, Herr Major.

Strasser: Wir Deutsche müssen uns an jedes Klima gewöhnen, von Rußland bis zur Sahara. Aber vielleicht meinen Sie gar nicht das Wetter?

Renault: Was wohl sonst, verehrter Herr Major?

Strasser: Übrigens, was ist wegen der Ermordung der Kuriere unternommen worden?

Renault: Da wir wissen, wie wichtig der Fall ist, verhaften meine Männer doppelt so viele Verdächtige wie üblich.

Heinze: Wir wissen bereits, wer der Mörder ist.

Strasser: Gut. Ist er verhaftet?

Renault: Oh, there's no hurry: Tonight he'll be at Rick's. Everybody comes to Rick's.

Renault: Oh, das eilt nicht. Heute abend wird er bei Rick sein. Im Café Americain trifft sich alles.

© Robert Fischer

Szene 45/Rick's Café

Yvonne: Where were you last night?
Rick: That's so long ago I don't remember.
Yvonne: Will I see you tonight?
Rick: I never make plans that far ahead.

Yvonne: Wo warst du gestern nacht?
Rick: Das ist schon so lange her, das habe ich vergessen.
Yvonne: Sehen wir uns heute nacht?
Rick: Ich plane nie soweit im voraus.

© Kinoarchiv Engelmeier

Szene 51/In front of Rick's
Café/Vor Rick's Café

Renault: I've often speculated on why you don't return to America. Did you abscond with the church funds? Did you run off with the Senator's wife? I'd like to think that you killed a man. It's the romantic in me.

Rick: It was a combination of all three.

Renault: And what in heaven's name brought you to Casablanca?

Rick: My health. I came to Casablanca for the waters.

Renault: What waters? We're in the desert.

Rick: I was misinformed.

Renault: Ich frage mich oft, warum Sie nicht wieder nach Amerika zurückgehen? Sind Sie mit den Kirchengeldern durchgebrannt? Oder mit der Frau eines Senators? Mir gefiele es, wenn Sie einen umgebracht hätten – das ist der Romantiker in mir.

Rick: Es war eine Kombination von allen dreien.

Renault: Was hat Sie nun in Gottes Namen nach Casablanca verschlagen?

Rick: Meine Gesundheit. Ich kam nach Casablanca wegen der Quellen.

Renault: Quellen? Was für Quellen? Wir sind in der Wüste.

Rick: Man hat mich falsch informiert.

Szene 55/Rick's Café

Rick: I stick my neck out for nobody.
Renault: A wise foreign policy.

Rick: Ich halte für niemanden den Kopf hin.
Renault: Eine weise Diplomatie.

Szene 57/Rick's Office/Ricks Büro

Renault: Because, my dear Ricky, I suspect that under that cynical shell you're at heart a sentimentalist. Oh, laugh if you will, but I happen to be familiar with your record. Let me point out just two items. In 1935, you ran guns to Ethiopia. In 1936 you fought in Spain on the Loyalist side.
Rick: And got well paid for it on both occasions.
Renault: The winning side would have paid you much better.

Renault: Weil ich, mein lieber Rick, den Verdacht hege, daß unter dieser zynischen Schale ein recht sentimentales Herz schlägt. Sie können ruhig darüber lachen, aber ich bin nun mal über Ihre Vergangenheit orientiert. Lassen Sie mich nur zwei Punkte herausgreifen: 1935 haben Sie Waffen nach Äthiopien geschmuggelt, 1936 kämpften Sie in Spanien gegen Faschisten.
Rick: Und wurde beidemale gut dafür bezahlt.
Renault: Die Sieger hätten Sie viel besser bezahlt.

© Robert Fischer

Szene 70 ff./Rick's Café

Strasser: What ist your nationality?
Rick: I'm a drunkard.
Renault: And that makes Rick a citizen of the world.

Strasser: Welche Nationalität haben Sie?
Rick: Ich bin Trinker.
Renault: Und damit ist Rick Weltbürger.

Szene 82/Rick's Café

Ilsa: Captain, the boy who is playing the piano, somewhere I have seen him.
Renault: Sam?
Ilsa: Yes.
Renault: He came from Paris with Rick.
Ilsa: Rick? Who is he?
Renault: Mademoiselle, you are in Rick's and Rick is . . .
Ilsa: Is what?
Renault: Well, Mademoiselle, he's the kind of man that, well, if I were a woman and I weren't around, I should be in love with Rick.

Ilsa: Capitaine, der Mann, der da Klavier spielt, den muß ich schon mal irgendwo gesehen haben.
Renault: Sam?
Ilsa: Ja.
Renault: Er kam aus Paris mit Rick.
Ilsa: Rick . . . Wer ist Rick?
Renault: Mademoiselle, Sie sind hier bei Rick, und Rick ist . . .
Ilsa: Ist was?
Renault: Mademoiselle, er ist der Typ Mann, in den – wenn ich eine Frau wäre, und es mich nicht gäbe – ich mich verlieben würde.

Szene 94/Rick's Café

Sam: Hello, Miss Ilsa. Ah never expected to see you again.

Ilsa: It's been a long time.

Sam: Yes, ma'am. A lot o'water under the bridge.

Ilsa: Some of the old songs, Sam.

Sam: Yes, ma'am.

Ilsa: Where is Rick?

Sam: Ah don't know. Ah ain't seen him all night.

Ilsa: When will he be back?

Sam: Not tonight no more. He ain't comin'. Er, he went home.

Ilsa: Does he always leave so early?

Sam: Oh he never – well, he's got a girl up at the Blue Parrot. Goes up there all the time.

Ilsa: You used to be a much better liar, Sam.

Sam: Leave him alone, Miss Ilsa. You're bad luck to him.

Ilsa: Play it once, for old time's sake.

Sam: Hallo, Miss Ilsa. Ich habe nicht geglaubt, Sie wiederzusehen.

Ilsa: Es ist lange her, Sam.

Sam: Ja, Ma'am. Und es ist viel inzwischen passiert.

Ilsa: Spiel ein paar von den alten Liedern, Sam.

Sam: Ja, Ma'am.

Ilsa: Wo ist Rick?

Sam: Ich weiß nicht. Ich habe ihn den ganzen Abend nicht gesehen.

Ilsa: Weißt du, wann er zurückkommt?

Sam: Heute abend nicht mehr, bestimmt nicht. Er ist nach Hause gefahren.

Ilsa: Geht er immer so früh nach Hause?

Sam: Nein, nie, Ma'am. Er, äh, hat ein Mädchen im »Blauen Papagei«, da geht er immer hin, wissen Sie.

Ilsa: Früher hast du viel besser gelogen, Sam.

23

Sam: Ah don't know what you mean, Miss Ilsa.

Ilsa: Play it, Sam. Play, »As Time Goes By«.

Sam: Oh, Ah can't remember it, Miss Ilsa. Ah'm a little rusty on it.

Ilsa: I'll hum it for you. Hm-hm, hm-hm, hm-hmmm – Sing it, Sam.

Sam: Lassen Sie ihn bitte in Ruhe, Miss Ilsa. Sie bringen ihm Unglück.

Ilsa: Spiel es einmal, Sam. Zur Erinnerung an damals.

Sam: Ich weiß nicht, was Sie meinen, Miss Ilsa.

Ilsa: Spiel es, Sam. Spiel »As Time Goes By«.

Sam: Das kann ich gar nicht mehr, Miss Ilsa. Schon ein bißchen eingerostet.

Ilsa: Ich summe es dir vor. Da-da, da-da, da-da . . . Sing es, Sam!

© Robert Fischer

Szene 101/Rick's Café

Laszlo: This is a very interesting café. I congratulate you.

Rick: I congratulate you.

Laszlo: What for?

Rick: Your work.

Laszlo: Thank you. I try.

Rick: We all try. You succed.

Renault: I can't get over you two. She was asking about

Laszlo: Ein sehr interessantes Lokal. Ich beglückwünsche Sie.

Rick: Ich beglückwünsche *Sie!*

Laszlo: Wozu?

Rick: Zu Ihrer Arbeit.

Laszlo: Danke. Ich bemühe mich.

Rick: Wir bemühen uns alle. *Sie* hatten Erfolg.

you earlier, Rick, in a way that made me extremely jealous.

Ilsa: I wasn't sure you were the same. Let's see, the last time we met –

Rick: It was La Belle Aurore.

Ilsa: How nice. You remembered. But, of course, that was the day the Germans marched into Paris.

Rick: Not an easy day to forget.

Ilsa: No.

Rick: I remember every detail. The Germans wore gray; you wore blue.

Renault: Über Sie beide komm' ich einfach nicht hinweg. Sie hat sich vorhin nach Ihnen erkundigt, Rick, in einer Form, die mich richtig eifersüchtig gemacht hat.

Ilsa: Ich war nicht sicher, daß du derselbe bist. Ich überlege gerade. Das letztemal haben wir uns . . .

Rick: . . . im »La Belle Aurore« gesehen.

Ilsa: Wie schön, du weißt es noch. Es war der Tag, an dem die Deutschen in Paris einmarschiert sind.

Rick: Ein Tag, den man so leicht nicht vergißt.

Ilsa: Ja.

Rick: Ich erinnere mich an jede Einzelheit: Die deutschen Truppen trugen Grau, und du trugst Blau.

Szene 105/Rick's Café

Rick: They grab Ugarte and then she walks in. Well, that's the way it goes. One in and one out. Sam –

Sam: Yes, boss?

Rick: If it's December 1941 in Casablanca, what time is it in New York?

Sam: What? My watch stopped.

Rick: Erst schnappen Sie Ugarte, dann spaziert sie herein. So ist das. Einer rein, der andere raus. Sam . . .?

Sam: Ja, Boß?

Rick: Wenn es in Casablanca Dezember 1941 ist, wie spät ist es dann in New York?

Sam: Was? Meine Uhr ist stehengeblieben.

Rick: I bet they're asleep in New York. I bet they're asleep all over America . . . Of all the gin joints in all the towns all over the world, she walks into mine.

Rick: Ich wette, in New York schlafen sie jetzt. Ich wette, sie schlafen jetzt in ganz Amerika.
Nicht zu fassen – von allen Kaschemmen der ganzen Welt kommt sie ausgerechnet in meine!

© Deutsche Kinemathek

Szene 109/Rick's Paris Apartment/Ricks Pariser Wohnung
Flashback/Rückblende

Rick: Who are you, really? And what were you before? What did you do and what did you think? Huh?
Ilsa: We said »no questions«.
Rick: Here's looking at you, kid.

Rick: Wer bist du wirklich? Und was warst du vorher? Was hast du getan, und was hast du gedacht, he?
Ilsa: Wir haben doch ausgemacht, keine Fragen.
Rick: Ich seh' dir in die Augen, Kleines.

Szene 119/Café »La Belle Aurore«
Flashback/Rückblende

Ilsa: With the whole world crumbling we pick this time to fall in love.

Rick: Yeah, a pretty bad timing. Where were you, say, ten years ago?

Ilsa: Ten years ago? Let's see. I was having a brace put on my teeth. Where were you?

Rick: Looking for a job.

Ilsa: Was that cannon fire? Or was it my heart pounding?

Rick: It's the new German 77. But if judging by the sound, only about 35 miles away.

Ilsa: Ausgerechnet wenn die ganze Welt zusammenbricht, müssen wir uns ineinander verlieben!

Rick: Ja, der Zeitpunkt ist schlecht gewählt. Wo warst du, sagen wir mal, vor zehn Jahren?

Ilsa: Vor zehn Jahren? Zu Hause – da bekam ich eine Spange über meine Zähne. Wo warst du?

Rick: Auf Arbeitssuche.

Ilsa: War das Artilleriefeuer, oder klopft mein Herz so laut?

Rick: Das ist die neue deutsche 8,8. Nach der Lautstärke zu urteilen, sind sie noch etwa fünfunddreißig Meilen entfernt.

© Robert Fischer

Szene 159/Rick's Café

Strasser: Captain, are you entirely certain which side you are on?

Renault: I have no conviction if that's what you mean. I blow with the wind. And the prevailing wind happens to blow from Vichy.

Strasser: Capitaine, sind Sie ganz sicher, auf welcher Seite Sie stehen?

Renault: Ich habe keine Überzeugung, wenn Sie das meinen. Ich drehe mich nach dem Wind. Und der vorherrschende Wind weht nun mal aus Vichy.

Szene 162/Rick's Café

Annina: If someone loved you very much, so that your happiness was the only thing that she wanted and she did a bad thing to make certain of it, could you forgive her?

Rick: Nobody ever loved me that much.

Annina: Wenn Sie jemand lieben würde, sehr lieben würde, so daß Ihr Glück das einzige auf der Welt wäre, was diese Frau sich wünscht, und wenn nun diese Frau was Schlechtes tun müßte, um dieses Glück zu schützen, würden Sie ihr dann verzeihen?

Rick: Mich hat noch nie jemand so geliebt.

Szene 163/Rick's Office/Ricks
Büro

Rick: I'm not interested in
politics. The problems of the
world are not in my
department. I'm a
saloonkeeper.

Rick: Politik interessiert mich
nicht. Die Probleme dieser
Welt gehören nicht zu
meinem Ressort. Ich bin
Besitzer eines Nachtclubs.

Szene 227/Rick's Office/Ricks
Büro

Rick: I'm not fighting for
anything anymore, except
myself. I'm the only cause I'm
interested in.

Rick: Aber jetzt kämpfe ich für
nichts mehr, nur noch für
mich selbst. Ich bin die
einzige Sache, an der ich
interessiert bin.

Szene 228 ff./Rick's Office/Ricks
Büro

Ilsa: All right, I tried to reason
with you. I tried everything.
Now I want those letters. Get
them for me.
Rick: I don't have to. I got them
right here.

Ilsa: Na gut. Ich habe mich
bemüht, ich wollte dich
überzeugen. Jetzt will ich
diese Visa. Hol sie mir.
Rick: Die brauch' ich nicht zu
holen. Die hab' ich bei mir.

Ilsa: Put them on the table.

Rick: No.

Ilsa: For the last time, put them on the table.

Rick: If Laszlo and the cause mean so much to you, you won't stop at anything. All right, I make it easier for you. Go ahead and shoot. You'll be doing me a favor.

Ilsa: Leg sie auf den Tisch.

Rick: Nein.

Ilsa: Zum letztenmal, leg sie auf den Tisch.

Rick: Wenn dir Laszlo und die Sache so viel bedeuten, wirst du vor nichts zurückschrecken. Gut. Ich werde es dir leichter machen. Na los. Schieß schon. Du tust mir damit einen Gefallen!

Szene 237/Bar in Rick's Café

Rick: Don't you sometimes wonder if it's worth all this? I mean what you're fighting for?

Laszlo: We might as well question why we breathe. If we stop breathing, we'll die. If we stop fighting our enemies, the world will die.

Rick: What of it? Then it'll be out of its misery.

Rick: Fragen Sie sich nicht manchmal, ob es das alles wert ist? Ich meine, das, wofür Sie kämpfen?

Laszlo: Dann könnten wir uns auch fragen, warum wir atmen. Wenn wir aufhören zu atmen, sterben wir. Wenn wir aufhören, unsere Feinde zu bekämpfen, stirbt die Welt.

Rick: Na, und wenn schon. Dann ist sie von ihrem Elend erlöst.

Szene 238/Renault's Office/Renaults Büro

Renault: Ricky, I'm gonna miss you. Apparently you're the only one in Casablanca who has even less scruples than I.

Renault: Rick, ich werde Sie sehr vermissen. Offensichtlich sind Sie der einzige in Casablanca, der noch weniger Skrupel hat als ich.

Szene 259 A ff./Airport/
  Flughafen

Rick: You're getting on that
  plane.
Ilsa: I don't understand. What
  about you?
Rick: I'm staying here with him
  till the plane gets safely away.
Ilsa: No, Richard, no! What has
  happened to you? Last night
  we said –
Rick: Last night we said a great
  many things. You said I was to
  do the thinking for both of us.
  Well, I've done a lot of it since
  then and it adds up to one
  thing. You're getting on that
  plane with Victor where you
  belong.
Ilsa: But Richard, no, I, I –
Rick: Now, you've got to listen to
  me. Do you have any idea
  what you'd have to look
  forward to if you stayed here?
  Nine chances out of ten
  we'd both wind up in a

Rick: Weil du mit der Maschine
  fliegen wirst.
Ilsa: Ich verstehe nicht – und
  was ist mit dir?
Rick: Ich bleibe hier bei Renault,
  bis die Maschine in der Luft
  ist.
Ilsa: Nein, Richard, nein. Was ist
  mit dir? Gestern abend hast du
  gesagt . . .
Rick: Gestern abend haben wir
  beide eine ganze Menge
  gesagt. Du hast gesagt, ich
  muß für uns beide denken.
  Das habe ich getan und bin zu
  dem Schluß gekommen, daß
  du in das Flugzeug steigst, mit
  Victor, denn du gehörst zu
  ihm.
Ilsa: Oh, nein, Richard, nein. Ich
  will . . .
Rick: Du mußt jetzt auf mich
  hören! Hast du eine Ahnung,
  was dir bevorsteht, wenn du

31

concentration camp. Isn't that true, Louis?

Renault: I'm afraid Major Strasser would insist.

Ilsa: You're saying this only to make me go.

Rick: I'm saying this because it's true. Inside of us we both know you belong with Victor. You're part of his work. The thing that keeps him going. If that plane leaves the ground and you're not with him, you'll regret it.

Ilsa: No.

Rick: Maybe not today, maybe not tomorrow, but soon, and for the rest of your life.

Ilsa: What about us?

Rick: We'll always have Paris. We didn't have it, we'd lost it until you came to Casablanca. We got it back last night.

Ilsa: And I said I would never leave you.

Rick: And you never will. But I've got a job to do, too. Where I'm going you can't follow. What I've got to do, you can't be any part of. Ilsa, I'm no good at being noble, but it doesn't take much to see that the problems of three little people don't amount to a hill o'beans in this crazy world. Someday you'll understand that. Now, now. Here's looking at you, kid.

hierbleibst? Es ist so gut wie sicher, daß wir beide in einem Konzentrationslager enden, hab' ich recht, Louis?

Renault: Ich fürchte, Major Strasser würde darauf bestehen.

Ilsa: Das sagst du nur, damit ich gehe.

Rick: Nein, ich sage es, weil es wahr ist. Im Grunde wissen wir beide genau, daß du zu Victor gehörst. Du bist ein Teil seiner Arbeit, du gibst ihm Kraft, weiterzumachen. Wenn du jetzt nicht mit ihm gehst, wirst du es später bereuen.

Ilsa: Nein.

Rick: Vielleicht nicht heute, vielleicht auch nicht morgen, aber bald und dann bis an dein Lebensende.

Ilsa: Und was wird aus uns?

Rick: Uns bleibt immer Paris! Wir hatten es nicht bis zu dem Moment, als du nach Casablanca kamst. Wir haben es gestern abend zurückgewonnen.

Ilsa: Da habe ich dir gesagt, ich würde dich nie wieder verlassen.

Rick: Das wirst du auch nicht. Aber ich habe auch etwas zu erledigen. Und wo ich hingehe, kannst du nicht mitkommen, dabei kannst du mir nicht helfen. Ich passe nicht in eine noble Rolle. Aber zu der Erkenntnis, daß die Probleme dreier Menschen in dieser verrückten Welt völlig ohne Belang sind, gehört nicht viel. Eines Tages wirst du das verstehen. Nein, nein, nein. – Ich seh' dir in die Augen, Kleines.

© Dr. Karkosch

Szene 285/Airport/Flughafen

Renault: Major Strasser's been shot. Round up the usual suspects.
Gendarme: Oui, mon capitaine.
Gendarme: Prenez la voiture et allez avec lui.
Renault: Well, Rick, you're not only a sentimentalist, but you've become a patriot.
Rick: Maybe, but it seemed like a good time to start.
Renault: I think, perhaps you're right. It might be a good idea for you to disappear from Casablanca for a while.

Renault: Major Strasser ist erschossen worden. Verhaften Sie die üblichen Verdächtigen!
Gendarme: Oui, mon Capitaine.
Renault: Tja, Rick, Sie sind nicht nur sentimental, Sie sind auch patriotisch geworden.
Rick: Mag sein, aber das war ja wohl auch ein passender Zeitpunkt, damit anzufangen.
Renault: Vielleicht haben Sie recht, Rick.
Es wäre vielleicht eine gute Idee, daß Sie eine Weile aus Casablanca verschwinden. Es

33

There's Free French garrison over at Brazzaville. I could be induced to arrange your passage.

Rick: My Letter of Transit? I could use a trip, but it doesn't make any difference about our bet. You still owe me ten thousand francs.

Renault: And that ten thousand francs should pay our expenses.

Rick: Our expenses?

Renault: Uh-huh.

Rick: Louis, I think this is the beginning of a beautiful friendship.

gibt eine freie französische Garnison in Brazzaville. Ich könnte mich dazu überreden lassen, das für Sie zu arrangieren.

Rick: Sie meinen, ein Transitvisum?

Renault: Hm.

Rick: Ich könnte eine Luftveränderung gebrauchen. Aber das ändert nichts an unserer Wette. Sie schulden mir noch zehntausend Francs.

Renault: Und diese zehntausend Francs könnten unsere Spesen decken.

Rick: *Unsere* Spesen?

Renault: Hm.

Rick: Louis, ich glaube, das ist der Beginn einer wunderbaren Freundschaft.

Casablanca –
oder:
Wie alles begann

Lange bevor das erste Wort der Geschichte von *Casablanca* niedergeschrieben wurde, nahm einer der vielen Fäden, die schließlich zu einem großen marokkanischen Knäuel führen sollten, seinen Anfang mit einem einfachen Lied.

1931, elf Jahre vor Drehbeginn von *Casablanca*, hatte ein New Yorker Komponist namens Herman Hupfeld einen Song geschrieben, der zunächst auf der Strecke blieb: »As Time Goes By« wurde ein Flop. Doch nicht ganz: Ein Jahr später fand der Entertainer Frances Williams Gefallen an diesem Song, trat mit ihm in der Broadway-Show »Everbody's Welcome« auf und nahm ihn schließlich sogar auf Schellack auf.

Einer der wenigen Käufer dieser Platte – sie wurde ebenfalls ein Flop – war Murray Burnett, Student an der New Yorker Cornell University. Burnett verliebte sich in die Melodie von »As Time Goes By« und begann, sie – glaubhaften Berichten seiner gequälten Kommilitonen zufolge – auf einem kleinen Plattenspieler in seinem Studentenzimmer in Cornell Tag und Nacht ohne Unterbrechung zu dudeln.

»You must remember this/A kiss ist just a kiss/A sigh is just a sigh/The fundamental things apply/As time goes by/And when two lovers woo/They still say I love you/On that you can rely/No matter what the future brings/As time goes by.«

Burnett wußte, wenigstens so ungefähr, was ihm die Zukunft bringen würde: Er würde Berufsschullehrer werden und dies für den Rest seines Lebens bleiben. Eine nur mäßig erfreuliche Aussicht, fand zumindest Burnett, denn eigentlich hatte er sich mehr vom Leben als nur eine gesicherte Existenz erhofft: Abenteuer, Romantik und vielleicht auch ein bißchen Exotik. Das alles schien er in »As Time Goes By« wiedergefunden zu haben . . .

Doch wie die meisten Menschen konnte auch Murray Burnett nicht über seinen Schatten springen. Und so geriet der Song in Vergessenheit, Burnett begrub seine Träume und nahm eine Stelle an der Central Commercial High School in New York City an, war mit einer Kommilitonin verlobt und führte bald ein ganz gewöhnliches Leben. Doch der (künstlerische) Ehrgeiz ließ ihn nicht ruhen: Und so begann Burnett damit, in seiner Freizeit kleine Stücke für das Theater zu verfassen: Das erste war – natürlich – autobiographisch, und Burnett hatte sich schon bald in den Fesseln seiner eigenen Ideen verfangen: »An Apple For The Teacher« – so hieß das Stück – stagnierte. Doch da sprang das Schicksal Murray Burnett hilfreich zur Seite.

Murray & Joan

Irgendwann im Sommer 1937 traf Murray Burnett auf Long Island, im mondänen »Atlantic Beach Club«, seine künftige gute Fee, seine Mäzenin und sein (und unser) Glück: Joan Alison.

Joan war reich, schön, elegant – und ziemlich oberflächlich. Sie besaß ein schickes Apartment in der West 54th Street in Manhattan, war mit Leib und Seele Junggesellin und hatte Zugang zu den mondänen Festen, die Murray schon immer hatte besuchen wollen. Und sie war verrückt – nach dem Theater. Ob Murray sich in Joan verliebte oder Joan in Murray, spielt nun keine Rolle mehr – denn sie taten etwas viel Klügeres (und Langlebigeres) als miteinander ins Bett zu gehen: Sie erzählten sich vom Theater! Murray erzählte Joan von seinem »Apple« und all den sexuellen Problemen seiner Hauptfigur, und Joan fing Feuer. Glücklicherweise hatte sie unter ihren vielen Bekannten auch einen Broadway-Produzenten, und dem wollte sie das Stück gleich zeigen. Plötzlich stand Murray unter Druck. Und das Stück, das wochenlang unfertig herumgelegen hatte, wurde schließlich in zwei Tagen beendet!

Joan war glücklich, und der Produzent Delos Chappell war es – zu beider Überraschung – auch. Beinahe wenigstens. Er machte nur eine kleine Einschränkung: Er fand, dem Stück würde eine Überarbeitung durch seine Hausautoren guttun.

Murray war nicht sonderlich erfreut über diesen Vorschlag, aber als unerfahrener Autor konnte er schlecht dagegen opponieren. Doch er war auch ein Dickkopf, und so kam, was kommen mußte: Die Hausautoren schlugen Änderungen vor, die er nicht akzeptieren wollte. Es kam zum Streit, und Chappell gab prompt seine Option zurück. Das saß – der erste Broadway-Erfolg im Visier, und nun solch ein schmählicher Flop!

Doch diese Niederlage hatte auch ihr Gutes: Sie schmiedete Murray und Joan zusammen. Beide hatten nämlich beim gemeinsamen Überarbeiten von Murrays Stück gemerkt, wie gut sie miteinander harmonierten: Murray, der an der Schreibmaschine alle Einfälle ordnete, Joan, die nervös durchs Zimmer ging und, mit einer Filterzigarette zwischen den Fingern, ihrem Partner Dialoge an den Kopf warf. Das war die Geburt eines Teams – des *Casablanca*-Teams . . . !

Aber noch war es nicht soweit; denn Murray, von Joans kapriziöser Weiblichkeit überrannt, suchte das Heil in der Ehe. Er heiratete seine ehemalige Kommilitonin und ging im folgenden Sommer mit ihr auf verspätete Hochzeitsreise nach Europa. Für eine Reise nach Übersee schien dies überhaupt die letzte Chance, denn inzwischen – 1938 – war Europa dabei, sich grundlegend zu verändern. Im November 1937 hatte Hitler seine Kriegspläne im Hoßbach-Protokoll enthüllt, und mit dem Anschluß Österreichs an das Deutsche Reich am 13. März 1938 hatte er den ersten Schritt in die vorgegebene Richtung getan. Gerüchte gingen um, daß die Tschechoslowakei das nächste Opfer werden sollte. Wer Hitlers »Mein Kampf« gelesen hatte oder selbst Opfer des »Boykott-Tages« vom 1. April 1933 geworden war, wer die »Nürnberger Gesetze« von 1935 mit all ihren Folgen für die jüdische Bevölkerung miterlebt hatte, der ahnte, was kommen würde.

Mit Beginn des Jahres 1938 waren alle antijüdischen Maßnahmen verschärft worden – was schließlich in der »Reichskristallnacht« vom 9. November kulminierte –, und so war die erste größere Fluchtwelle jüdischer Bürger unausweichlich.

Burnetts Frau hatte Verwandte in Antwerpen, und sie wollte, aufgeschreckt von diesen Nachrichten, mit eigenen Augen sehen, wie es ihnen ging. Diese Reise sollte Murray den Anstoß zu *Casablanca* liefern.

Realität und Mythos

In Antwerpen, wo der Stiefvater von Murrays Frau lebte, glaubte man noch immer, daß sich ein Krieg abwenden ließe. Falls es aber doch einen geben sollte, so beträfe er nur die Nachbarn im Osten – dort, und zwar vor allem in Österreich, so berichtete der Stiefvater, sei die Gefahr am größten! Die Burnetts, denen eigentlich der Sinn nach geruhsamen Wochen im Süden Frankreichs stand, änderten daraufhin ihre Reisepläne und fuhren nach Wien. Dort lernte Murray die jüdischen Verwandten seiner Frau kennen, Intellektuelle und Künstler, aber auch einfache österreichische Bürger. Sie, die dem neuen Regime wohl zumeist ablehnend gegenüberstanden, spürten – anders als der Stiefvater in Antwerpen – die unmittelbare Gefahr. Sie waren täglich mit den Auswirkungen der neuen Situation konfrontiert und wollten so schnell wie möglich ausreisen. Doch eine Emigration war zuallererst eine Frage des Geldes – und Geld war knapp bei den meisten.

Murrays Neugier aber war in Wien endgültig erwacht. Er fragte die Leute aus, wollte alles wissen. Er ließ sich Geschichten erzählen von Leuten, die über Emigrationsrouten Bescheid wußten, und er wollte auch die Tragödien hören, die sich bei solch erzwungenen Abreisen ereigneten. Spätestens jetzt hatte Murray wohl erkannt, daß er hier ganz nah am Puls der Zeit war.

Murray erfragte sich ein Detail nach dem anderen. Auf diese Weise erfuhr er von den Flüchtlingsrouten, die quer durch Europa über die Pyrenäen durch Spanien bis nach Lissabon und von dort in die Vereinigten Staaten führten. Da aber Spanien mit den Deutschen gemeinsame Sache machte, war dies der Stoff, aus dem Tragödien gemacht waren: Oft wurden Flüchtlinge, kaum hatten sie das vermeintlich rettende Land erreicht, zurückgeschickt und damit dem sicheren Tod ausgeliefert. So waren die Flüchtlinge gezwungen, sich eine andere, sicherere Route zu suchen, und die ging von Marseille übers Mittelmeer nach Marokko, von Marokko zurück übers Meer nach Lissabon, und von dort dann ins gelobte Land . . .

Der Sieg der Fiktion über die Realität: Paris, Juni 1940. Bogart und Ingrid Bergman in einem Pariser Cafe, mit einer amerikanischen Zeitung. Warum soll es nicht wirklich so gewesen sein?
© Inter-Topics

Vermutlich fügten sich mit diesen Geschichten tatsächlich die ersten Bilder zu Murrays neuem Stück aneinander, und wie das Schicksal es wollte, fand er das entscheidende Bild an der letzten Station seiner Reise, in Frankreich. An der Côte d'Azur war zu jener Zeit noch nicht allzuviel vom bevorstehenden Krieg zu spüren. Einziges Indiz dafür, daß die politische Lage angespannt war, waren die vielen Flüchtlinge aus Mitteleuropa. Doch von Problemen wollten die Burnetts jetzt nichts mehr wissen. Sie suchten vor allem – nach den Anstrengungen in Wien – Ruhe, Erholung und ein paar romantische Nächte unter den Sternen Südfrankreichs.

So landeten sie eines Abends in einem kleinen, rauchigen Nachtclub in der Nähe Nizzas. »La Belle Aurore« soll er geheißen haben, und hier schlug das Schicksal dann endgültig zu: Nicht nur, daß Murray dieser Club mit seinen in allen Sprachen miteinander redenden Gästen wie eine Vision von Rick's Café erschien, nein, der Legende zufolge trat dort – just an jenem Abend – ein Schwarzer aus Chicago auf, setzte sich ans Klavier und stimmte »As Time Goes By« an . . .

Was immer an dieser Geschichte wahr ist: Sie ist so schön, daß man sie einfach zur Wahrheit erklärt hat. Wie heißt es doch gleich: »When the legend becomes fact, print the legend!« In späteren Interviews jedenfalls hat Murray Burnett immer behauptet, er habe sich an dieser Stelle der Geschichte zu seiner Frau hinübergebeugt und gesagt: »Weißt du, mein Schatz, dies hier wäre doch ein fantastischer Ort für ein Theaterstück!«

Wie wir wissen, war dies ein wahrer Satz.

Eine Legende entsteht

Doch bis zu jenem Theaterstück sollte es noch ein weiter Weg sein. Zurück in New York, berichtete Murray seiner Joan alle Ereignisse der langen Reise. Joan war begeistert und fand, man müsse unbedingt die Gunst der Stunde nutzen und ein Theaterstück über die Bedrohung durch die Nazis schreiben. Als geeignete Form dafür erschien beiden ein Spionagethriller, und bereits drei Monate später, Anfang 1939, war das Stück fertig: »A Million to One«.

Burnett und Alison boten ihren Schnellschuß dem Regisseur Otto Preminger an: Der war gerade 33 Jahre alt, Schüler und Ex-Assistent von Max Reinhardt, kurze Zeit Direktor des »Theaters an der Josefstadt« in Wien, seit 1935 in New York. Preminger schien den beiden aufgrund seiner bekannt antinazistischen Einstellung und seiner eigenen Emigranten-Vergangenheit der ideale Mann zu sein. Preminger erwarb auch tatsächlich eine Option, allerdings unter der Bedingung, daß einige Teile des Stückes seinen Vorstellungen gemäß umgeschrieben werden müßten. Doch die endlosen Story-Konferenzen begannen Murray und Joan immer mehr zu langweilen – sie wollten lieber ein neues Stück schreiben, eines, in dem endlich das Café »La Belle Aurore« vorkam. Irgendwann muß Preminger dann einmal der Kragen geplatzt sein – er schrie die beiden an, sie sollten ihm nichts über ein Stück erzählen, das ihm nicht gehöre, sondern nur über eines, das er schon besitze! Hätte er doch lieber seine Aufmerksamkeit der neuen Idee zugewandt . . . So aber verschwindet er (beinahe) aus unserer *Casablanca*-Geschichte, denn auch »A Million to One«, das zweite Theaterstück von Burnett/Alison, gelangte nie zur Aufführung. Burnett schob diesen Umstand später der Verantwortung des »Wheeler Committee of Congress« zu, das alle Versuche, künstlerisch-propagandistisch Stellung zum Verhalten der Nazis zu nehmen, mit dem Hinweis auf Amerikas Neutralität unterband. Doch Joan und Murray steckten nicht auf.

Endlich konnten sie die Geschichte über das Café »La Belle Aurore« schreiben. Sie dachten sich also eine Geschichte aus über Emigranten, ein Café und den Traum von der großen Freiheit . . . Der Ort, das war nun, Ende 1939, klar, konnte nicht mehr in Südfrankreich liegen. Murray griff deshalb auf die zweite Route zurück, über Nordafrika und Marokko. Zum Schauplatz erkoren er und Joan Casablanca: Eine Stadt in

Afrika, von den Franzosen regiert, von den Deutschen mit Expansionsehrgeiz betrachtet, Anlaufstation für Emigranten und zwielichtige Gestalten. Ganz klar, dies war der perfekte Ort für die Geschichte, die den beiden vorschwebte. Schon kurze Zeit später stand der Rohbau: Ein Amerikaner, Rick Blaine, mysteriös, auf der Flucht vor sich selbst, führt in Casablanca eine heruntergekommene Bar. Dort treffen aufeinander: Widerstandskämpfer, Emigranten, Juden, Nazis, Franzosen, Staatenlose, Gauner – kurz, Murray verarbeitete alles, was er in jenem kleinen Café in Nizza gesehen und gehört hatte. Rick selbst ist ein Zyniker. Das Elend um ihn herum läßt ihn kalt. Seine Gefühle sind in Paris geblieben, wo er einmal tragisch verliebt war. Er gibt sich seinen eigenen Wehwehchen hin, statt denen zu helfen, die wirklich in Gefahr sind. Doch eines Tages geschieht das Unwahrscheinliche: Seine alte Liebe aus Paris, Lois Meredith, trifft in Casablanca ein. Rick soll ihr und ihrem Geliebten helfen zu fliehen, und vielleicht soll er sogar selbst mitkommen. . .

Dies ist nun wahrlich eine Geschichte, die uns bekannt vorkommt, denn dies ist der Beginn von *Casablanca*. Noch aber hieß die Geschichte »Everybody Comes to Rick's« – eine kleine Reminiszenz an die Revue »Everybody's Welcome«, aus der »As Time Goes By« stammte. Über die Vorstellungen der beiden von ihren Hauptfiguren schrieb Joan im Januar 1940 in ihr Tagebuch: »Wen haben wir vor Augen, wenn wir an unsere beiden Helden denken?« Und sie beantwortete sich die Frage gleich selbst: »Clark Gable und Carole Lombard« – das Traumpaar jener Zeit. Also beschlossen Murray und Joan, diesem Traumpaar ihre beiden Figuren auf den Leib zu schreiben. Das Überraschende an dieser Wahl ist, daß es im Grunde nicht die

Nächste Doppelseite:
Eine heruntergekommene Bar, in der alle Nationalitäten aufeinandertreffen. So schick sieht das dann in Hollywood aus. Mit Humphrey Bogart und seinem Croupier Marcel Dalio. © Robert Fischer

Wahl von Theaterautoren ist, sondern die von »filmbuffs«. Fast ist man versucht, dies für einen Wink des Schicksals zu halten . . .

Wie immer taten sich Murray und Joan – nach anfänglich enthusiastischem Tempo – mit der genaueren Ausformulierung der Charaktere, Szenen und Dialoge schwerer als gedacht. Folglich blieb ihnen im Sommer 1940 nichts anderes übrig, als in Klausur zu gehen, sollte jemals irgend jemand wirklich zu »Rick's« gehen können. Sie schlossen sich während der Sommerferien in Joans Apartment in Manhattan ein – ob gegen den Protest von Murrays Ehefrau oder mit ihrer stillschweigenden Billigung, ist nicht überliefert – und schrieben ihr Stück innerhalb von sechs Wochen fertig: 97 Seiten voll aufwühlender Dramatik, voll anrührender Schicksale und edlem Kitsch – unsterblichem Kitsch, wie wir heute wissen! Was ansonsten zwischen ihnen in diesem heißen Sommer vorgefallen sein mag, ob sie tatsächlich all ihre Sehnsüchte und geheimen Wünsche in ihr Stück hineintransportierten, darüber hat sich nie etwas in Erfahrung bringen lassen – weder von Joan noch von Murray. Dies soll auch hier der Vorstellungskraft des Lesers überlassen bleiben . . .

Joans Agentin Anne Watkins bot das Stück am Broadway an – und fand Abnehmer in: Martin Gabel und Carly Wharton. Die mochten das Stück zwar, hatten aber dennoch ein paar Einwände: Die Stelle, an der die (verheiratete) Heldin Lois bereit ist, mit Rick wegen ein paar Transitvisa (die es in der nordafrikanischen Realität übrigens nie gegeben hat!) ins Bett zu gehen, sei doch zu schockierend für das prüde amerikanische Publikum. Ob man dies nicht ändern könne? »Nein«, meinten Joan und Murray, und das definitiv. Es kam, was kommen mußte: Gabel und Wharton gaben die Option auf »Everybody Comes to Rick's« zurück. Wieder ein Flop. Ein Jahr Arbeit umsonst.

Dieser Flop war dann auch für Murray und Joan zuviel: Diesmal verließ sie der Mut. Den Enttäuschten wurde vorsichtig von ihrer Agentin suggeriert, man könne das Stück ja vielleicht auch nach Hollywood verkaufen. Joan und Murray hatten nichts dagegen: Hauptsache, irgend jemand wollte endlich das verdammte Stück. Also schickte Anne Watkins ein kleines Päckchen an das Story-department von Warner Brothers, wo es am 8. Dezember 1941 im Writers' Building am Warner Boulevard 4000 eintraf und drei Tage später routinemäßig von einem Lektor namens Stephen Karnot bearbeitet wurde.

Von nun an nahm die Geschichte ihren geradezu unglaublichen Verlauf – mit dem uns bekannten Ende. Hollywood mochte das Stück und machte, in der Person von Hal B. Wallis, der Agentin im Januar 1942 ein augenscheinlich sehr gutes Angebot: 20 000 Dollar für die Verfilmungsrechte. Murray und Joan überlegten nicht lange: Wenn sie schon keine Theatercracks werden sollten, dann wenigstens reiche und gefeierte Autoren in Hollywood. Vermutlich träumten sie schon von Partys, Empfängen, Nachfolgeaufträgen, von einer Karriere eben. Und so nahmen sie an.

Am 12. Januar 1942 fanden sich Murray Burnett und Joan Alison im New Yorker Büro von Warner Brothers in der Ninth Avenue auf Manhattans West Side ein, um einen Vertrag zu unterschreiben und dabei die angeblich höchste Summe, die je für ein unproduziertes Theaterstück gezahlt wurde, einzustreichen. Was sie dabei in ihrer Euphorie nicht beachteten, war das Kleingedruckte im Vertrag. Die Anwälte begründeten die Menge an Kleingedrucktem und mehrere maschinengeschriebene Zusätze mit der seltsamen Behauptung, in der Eile habe sich kein passendes Standardformular in New York auftreiben lassen, und deswegen habe man einfach einen Vertrag der »City and Country of Los Angeles« für New York umgeschrieben. Murray und Joan waren viel zu aufgeregt, um irgend etwas lesen, geschweige denn verstehen zu können, und so gaben sie mit einer einzigen Unterschrift unter diesem seltsamen Vertrag alle ihre Rechte an »Everybody Comes to Rick's« ab. Das war das Ende all ihrer Träume von Hollywood.

Erst später, nach einer rauschenden Feier, öffnete ihnen ein Freund die Augen über das wahre Ausmaß ihrer Naivität. »Mein Gott«, soll er entsetzt gestöhnt haben, »diese Art von Halsabschneiderverträgen gibt es ja seit D. W. Griffith nicht mehr!« Doch da war es zu spät: Alle Rechte und Ansprüche, alle eventuellen Möglichkeiten, später einmal an einem der größten Hollywood-Erfolge aller Zeiten mitzuverdienen, vergeben und vertan. Nie mehr sollten Murray und Joan auch nur einen Cent für ihr Werk sehen. Das einzige Zugeständnis, das Hollywood ihnen machte, war das Erscheinen ihrer Namen im Vorspann – ziemlich klein unter denen der Drehbuchautoren. Die erhielten dann sogar einen Oscar für eine Arbeit, die eigentlich nicht viel mehr war als eine kosmetische Korrektur des Originals – das behaupten zumindest Ronald Haver (»98 Prozent der *Casablanca*-Story basieren original auf ›Everbody Comes to Rick's‹«) und Joan Alison (»Von unseren 97 Seiten haben die Drehbuchautoren genau 72 wortwörtlich übernommen!«).

Offensichtlich aber hat niemand mehr Einblick genommen in das Theaterstück von Burnett und Alison – und vielleicht ist es auch besser so. Mythen sollten Mythen bleiben. Vielleicht war auch angesichts des späteren Erfolges den beiden Autoren die Wirklichkeit nicht mehr so wichtig. Vielleicht waren sie selbst es, die die Legende um ein paar schöne, geheimnisvoll klingende Gerüchte angereichert haben. Und wer will den Dingen schon wirklich auf den Grund gehen? »When the legend becomes fact, print the legend!«

Tatsache jedenfalls ist, daß »Everybody Comes to Rick's« schließlich doch noch eine Bühnenproduktion erlebte: vom 12. bis zum 17. August 1946 wurde es, unter Leitung von Sara Stamm, im Casino-Theater in Newport, Rhode Island, aufgeführt. Sein neuer Titel war *Casablanca*, und die Namen der

Original-Autoren durften aus rechtlichen Gründen nicht genannt werden.

Schade an der Geschichte von Joan und Murray ist einzig und allein, daß sie keine Chance zu einer großen Hollywood-Karriere bekamen. Wer weiß, ob sie uns nicht auch noch ein zweites Wunder à la *Casablanca* geschenkt hätten? So aber war ihre Kreativität erlahmt – das Team löste sich auf. Nie wieder sollten sich die beiden zu einem gemeinsamen Script oder Theaterstück zusammenfinden. Mit *Casablanca* waren Höhepunkt und Ende ihrer denkwürdigen Partnerschaft erreicht.

Der Unbekannte

Der 8. Dezember 1941, der Tag, an dem »Everybody Comes to Rick's« in Hollywood bei Warner Brothers eintraf, war in jeder Hinsicht ein denkwürdiger Tag: Es war der Tag nach Pearl Harbour. Mit einem Schlag veränderte dieser Angriff die gesamte amerikanische Haltung im Zweiten Weltkrieg. Hatten die Amerikaner sich zuvor vornehm zurückgehalten und öffentlich Neutralität bewahrt, so schwenkte die amerikanische Öffentlichkeit nun auf die Seite derer um, die schon lange das Eingreifen Amerikas in den Krieg gefordert hatten. An jenem 8. Dezember erklärte der amerikanische Präsident Franklin (»Teddy«) D. Roosevelt Japan den Krieg, drei Tage später, am 11. Dezember, folgten die Kriegserklärungen Deutschlands und Italiens an die USA. Der Zweite Weltkrieg war in vollem Gange.

Exakt an jenem 11. Dezember schrieb auch ein Lektor des Story-departments bei Warner, Stephen Karnot, eine Zusammenfassung des frisch aus New York eingetroffenen Stückes.

Karnot war einer jener »namenlosen« Mitarbeiter des Studios, die die amerikanische Filmindustrie erst zu dem perfekt funktionierenden Räderwerk gemacht hatten, das sie zu jener Zeit war. Wie die berühmten Stars des Studios, die Vertragsschauspieler, die Vertragsautoren und die Vertragsregisseure war natürlich auch er ein festangestellter Mitarbeiter mit geregelter Arbeitszeit, geregeltem Einkommen und der Gefahr der Suspension im Falle eines Mißverhaltens. Obwohl Karnot als Lektor zumeist im Hintergrund blieb und nie vom Ruhm der berühmten Kollegen profitieren konnte, war er sich seiner eigenen Bedeutung und Stellung innerhalb dieses Räderwerks sehr wohl bewußt: Ohne ihn, das wußte er, würden die meisten Drehbücher erst gar nicht entstehen.

Vor allem war Karnot natürlich ein loyaler Angestellter seiner Studios, der Warner Brothers – *corporate identity* war schon damals das Zauberwort – und so war er am Morgen des 8. Dezember nach Roosevelts Kriegsansprache aufs beste motiviert. Er wußte, daß es nun in seiner Verantwortung lag, die Maxime der Regierung in entsprechende Filme umzusetzen – etwas, das schon während der letzten Jahre Warner-Politik gewesen war. Während Warner sich aber in den Jahren 1939/40 bemüht hatte, mit Filmen wie *The Private Lives of Elizabeth and Essex* (Michael Curtiz, 1939), *Espionage Agent* (Lloyd Bacon, 1939) und *Dive Bomber* (Michael Curtiz, 1941), das amerikanische Volk proenglisch und antideutsch einzustimmen, mußte jetzt die »Gerechtigkeit« der amerikanischen Kriegspolitik auf Zelluloid gebannt werden. Dafür mußte Karnot aus Scripts, Treatments und Ideen Geschichten herausfiltern, die den Amerikanern die Notwendigkeit des Kriegseintritts deutlich machen, die Opferbereitschaft und den Kampfeswillen ihrer Boys nahebringen sollten und ihnen – zumindest rudimentär – einen Einblick in die Situation Europas geben konnten: Zum einen war dies im Sinne der Roosevelt-Administration, zum anderen lag dieser Trend, der Anfang der sogenannten »Why-We-Fight«-Bewegung, ganz auf der Linie von Jack J. Warner. Der hatte nämlich schon seit 1936 versucht, mit kleinen, deutlich patriotischen Filmen das amerikanische Volk auf die Notwendigkeit eines Krieges einzustimmen. Ihm kam dieser Kriegseintritt daher ganz recht.

Jack L. Warner – der Aufseher. © Interpress Paris/Interfoto

»West Point, Sing Sing and San Quentin«, so nannte man im Hollywood jener Zeit ironisch das Studio der Warner Brothers. Das zeigt zum einen die patriotische Linie des Studios, zum anderen aber auch, daß die Mitarbeiter dort kaum anders als Sklaven gehalten wurden. Doch Jack J. Warner war immerhin einer der Gründungsväter von Hollywood – neben Männern wie Samuel Goldwyn, Harry Cohn, Carl Laemmle, William Fox, Marcus Loew und Louis B. Mayer –, und aus dieser Position heraus bezog er noch immer seinen Anspruch, ein »neuzeitlicher Tyrann« zu sein: ein Filmmogul.

Warner beherrschte neben Metro-Goldwyn-Mayer, Paramount, Twentieth Century-Fox, Columbia, United Artists, RKO und Universal den damaligen Film- respektive Kinomarkt, besaß eigene Studiohallen, einen eigenen Verleih und phasenweise sogar eigene Kinoketten. Und natürlich auch eigene, festangestellte Mitarbeiter: Auf Warners Lohnlisten standen nicht nur eine stattliche Zahl berühmter Stars, Regisseure und Drehbuchautoren, sondern auch weitere 3654 »namenlose« Mitarbeiter in den verschiedensten Funktionen hinter der Kamera.

1941 war für das amerikanische Kino ein »goldenes Jahr«: Allein 492 in Amerika hergestellte Filme liefen in jenem Jahr in insgesamt 19 750 Kinos an (in damals erst 48 Bundesstaaten) und lockten dabei wöchentlich 85 Millionen Menschen vor die Leinwände. Daraus resultierten Gesamteinnahmen von mehr als 809 Millionen Dollar aus Kinokarten, bei einem durchschnittlichen Preis von 25,2 Cent für die Eintrittskarte.

In Anbetracht der Vielzahl der Filme, die in einem Jahr herausgebracht wurden, ist es nicht verwunderlich, daß ein Film im Durchschnitt nur etwa dreieinhalb Tage in einem Kino gespielt wurde. Schlimm genug, wenn man sich anschaut, was 1941 alles produziert wurde: Da gab es Orson Welles' *Citizen Kane,* es gab *Dumbo* und *Fantasia,* die legendären Zeichentrickfilme von Walt Disney; John Ford hatte die Bergarbeiter-Saga *How Green Was My Valley* verfilmt, Bette Davis machte ihrem Ruf als böses Weib in William Wylers *The Little Foxes* alle Ehre, Frank Capra ließ Cary Cooper in *Meet John Doe* als Tippelbruder über die Straßen ziehen, Hitchcock schlug mit *Suspicion* zu, und George Cukor drehte mit *The Philadelphia Story* ein weiteres Denkmal für Katharine Hepburn. Und Humphrey Bogart stieg gerade in jenem Jahr endgültig vom Schurkendarsteller zum Helden auf: Mit John Hustons *The Maltese Falcon* bewies er, daß er Frauenliebling, Held und »schöner« häßlicher Mann zugleich sein konnte.

Von den 492 Filmen des Jahres 1941 hatte Jack L. Warner 48 produziert – keine Meisterwerke, zum Teil aber absolute Kassenknüller (wie *Yankee Doodle Dandy*, mit James Cagney, und *Now, Voyager*, mit Betty Davis). Insgesamt war dieses Jahr künstlerisch und finanziell außerordentlich erfolgreich für ihn. Für Warner aber war dies an sich nichts Überraschendes: Er hatte immer gewußt, daß ein hart arbeitender Mann mit ein bißchen Grips auch seinen Weg machen würde.

Warners Familie stammte aus Polen, aus einem Nest namens Kraznashiltz. 1883 mußte sie vor russischen Kosaken fliehen und wanderte nach Amerika aus. Pearl und Ben Warner siedelten sich in Youngstown, Ohio, an und zeugten vier Söhne: Harry, Jack, Sam und Albert. Sie handelten zunächst mit koscherem Fleisch, doch dann hatte Sam, der Zweitjüngste eine Idee: Für tausend Dollar kaufte er 1905 einen gebrauchten Filmprojektor. In der verschlafenen Kleinstadt Niles, Ohio, begannen die Brüder in einem kleinen Laden mit der Vorführung der ersten Stummfilme. Innerhalb von zwei Jahren hatten sie so großen Erfolg, daß sie ihr Geschäft auf den gesamten Osten Amerikas ausdehnten. 1911 entschlossen sie sich dann, eine eigene Filmproduktion aufzuziehen: Jack war Drehbuchautor, Sam Regisseur – zunächst von zwei Filmen, die sie in St. Louis aufnahmen. Weitere Filme entstanden in den alten Biograph-Studios in New York, wohin sie 1917 ihren Vertriebskonzern ausgelagert hatten. Harry und Albert führten den Vertriebszweig des Geschäfts, Sam und Jack kümmerten sich um die Filme. 1918 konnten die beiden dann mit dem antideutschen Propagandafilm *My Four Years in Germany* den ersten großen finanziellen Erfolg verbuchen. Von dieser Entwicklung beflügelt, siedelten sie 1919 sogar nach Los Angeles über, wo sie zwei weitere Studios mieteten. Bereits 1923 stand das erste eigene, selbst errichtete Studio – auf dem Gelände am späteren Sunset Boulevard. Es trug den stolzen Namen: Warner Brothers Pictures.

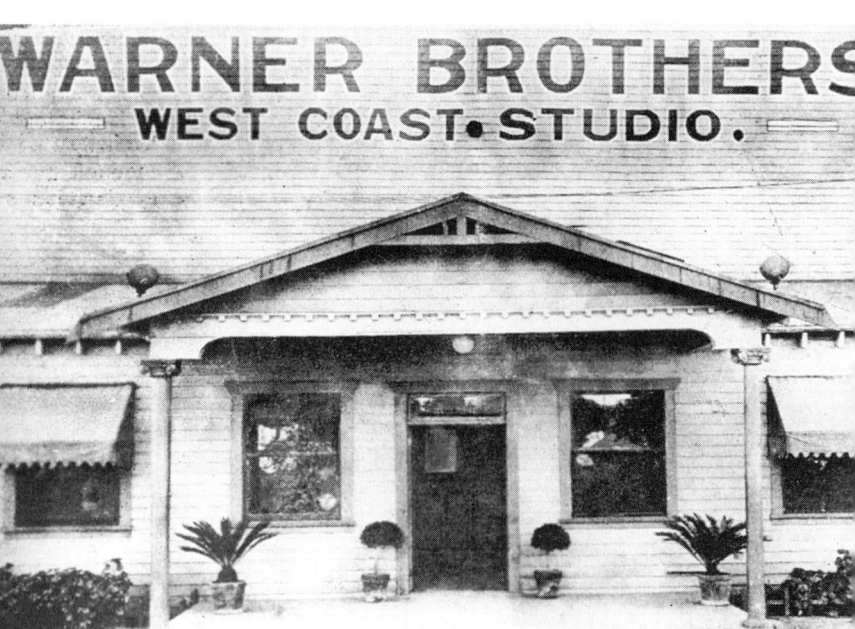

Das erste Warner-Studio am Sunset Boulevard.
© Bildarchiv Engelmeier

In den nächsten Jahren expandierte die zunächst noch kleine Firma unaufhörlich: Zunächst auf dem Sektor der Filmtheater. Erst erwarb sie Hunderte kleiner Kinos im ganzen Land, um dann schließlich selbst riesige Lichtspielpaläste in New York und Los Angeles zu bauen. 1931 besaß sie bereits 529 Filmtheater und war mit weiteren 501 assoziiert. Aber auch auf dem Studiosektor expandierten die Warners: 1925 schluckten sie ein weiteres Studio, die Vitagraph Company, und mauserten sich damit langsam zu einem der beherrschenden Studiokomplexe Hollywoods.

Große Profite machten die Studios damals aber nicht durch die Produktion von Filmen, sondern durch den Besitz von Filmtheatern: Mit Block- und Blindbuchungen zwangen sie die Kinobesitzer, neben den Kassenknüllern auch Filme zu spielen, die keinen Erfolg hatten – und dafür zu zahlen. Laut Arthur Dobenstein soll Warner so bis zu 86 Prozent seiner Profite gemacht haben. Ironischerweise brachten aber erst zwei große filmische Glücksgriffe Warner endgültig aus den notorischen Finanzschwierigkeiten heraus: Zum einen eine Reihe von Filmen mit dem deutschen Schäferhund Rin-Tin-Tin, zum anderen Sams und Jacks spleenige Ideen. Diesmal wollten sie eine Radiostation eröffnen. Durch den neuen Sender kamen sie auf die Idee, daß auch die Filme einen eigenen Ton gebrauchen könnten. Das war die entscheidende Idee! Sam, der Kreativste von allen, ging 1926 nach New York, um mit der Hilfe von Western Electric und Bell Laboratories an einem Tonsystem für Filme zu arbeiten. Währenddessen produzierte Jack den ersten Film mit kompletter Tonspur: *Don Juan*, in dem zwar noch nicht gesprochen wurde, der aber schon von schmalzigen Geigenklängen (vom Band, nicht live!) untermalt wurde. Premiere war am 6. August 1926 in New York, und die Kritiken überschlugen sich vor Begeisterung.

Angestachelt von diesem Erfolg machte Jack gleich weiter: Der erste richtige Tonfilm sollte ein Film mit Al Jolson in der Titelrolle werden. Am 6. Oktober 1927 kam es schließlich zur filmischen Sensation des Jahrhunderts. Der erste »echte« Tonfilm hatte Premiere: *The Jazz Singer.* Mit diesem Erfolg waren die Warner Brothers nun über Nacht von einem mittelgroßen zum größten und bedeutendsten Studio Hollywoods aufgestiegen. Erbe dieses Erfolges war Jack – denn Sam, der Tonfilm-Erfinder, war 24 Stunden vor seiner großen Premiere im Alter von 39 Jahren gestorben. Harry und Albert, die beiden älteren Brüder, blieben in New York und kümmerten sich weiterhin ausschließlich um den Vertrieb, während Jack sich nun mit doppelter Energie auf das Produzieren stürzte. 1928 kaufte er im San Fernando Valley das First-National-Studio in Burbank, wo er jährlich etwa fünfzig Filme herstellte, die dann über die hauseigene Kinokette, die Stanley Company of America, vertrieben wurden.

Und so sah es dann schon in den vierziger Jahren aus: Warner Bros. expandiert. © Floyd McCarty/Bildarchiv Engelmeier

Jack Warner entwickelte neben der finanziellen auch eine künstlerische Studiopolitik: Er engagierte unbekannte Schauspieler von den New Yorker Bühnen, band sie durch Siebenjahresverträge fest an sein Studio und machte sie – gelegentlich – zu Stars. Im Laufe der Jahre zeigte diese Politik des Aufbaus eines festen Schauspieler-Ensembles Wirkung: Zu den von Warner in den dreißiger und frühen vierziger Jahren entdeckten neuen Stars gehörten Bette Davis, Joan Crawford, Olivia de Havilland, Barbara Stanwyck, Ann Sheridan und Jane Wyman sowie Errol Flynn, James Cagney, Edward G. Robinson, Paul Muni, Dick Powell, George Raft, George Arliss, Claude Rains und Ronald Reagan. Hatte er sie erst einmal unter Vertrag, behandelte Warner sie wie Sklaven: Sie hatten kein Mitspracherecht bei der Auswahl der Rollen, sondern mußten tun, was Warner ihnen befahl. Wenn sie sich wehrten, folgte die Suspension, d. h., Warner entzog ihnen auf unbefristete Zeit die wöchentlichen Gehaltsschecks. Da sie laut Vertrag bei keinem anderen Studio arbeiten konnten, war dies ein wirksames Mittel der Disziplinierung – eine gängige Praxis bei allen Studios, die erst 1943 durch ein von Olivia de Havilland angestrengtes Gerichtsurteil etwas eingeschränkt wurde.

Warners Wahlspruch war: »Combining good citizenship with good entertainment«, und dementsprechend gestaltete er auch sein Programm. Gemeinsam mit seinem 1929 ernannten Produktionschef Darryl F. Zanuck (und später mit Hal B. Wallis) konzipierte er Kinounterhaltung für die untere Mittelschicht Amerikas, die sich an den Schlagzeilen jener Tage orientierte, an den Verbrechen und Skandalen, kurz, an der Yellow press. »Progressive politische Inhalte transportierten diese Beispiele eines wachen Schlagzeilen-Kinos freilich nie. Stets geht es nur darum, daß der falsche Mann zur falschen Zeit den falschen Job hat. Wenn der ›Heavy‹ erst einmal beseitigt ist, funktioniert auch das System wieder. Die Filme der Warner Brothers reflektieren naiv den Optimismus des Rooseveltschen New Deal.« (Hans C. Blumenberg)

Beispiele dieses Kinos waren die von Warner initiierten Gangsterfilme *Little Cesar* (1930, mit Edward G. Robinson), *Public Enemy* (1931, mit James Cagney und Humphrey Bogart) und *Scarface* (1932, mit George Raft und Paul Muni) sowie die großen Musicals mit Ginger Rogers, Dick Powell und Regisseuren wie Busby Berkeley. Was immer Jack Warner anpackte, es schien sich in Gold zu verwandeln: Ob »Social-conscience movies« à la *I Am a Fugitive from a Chain Gang* (1932, mit Paul Muni) oder »biographies-of-famous-figures movies« mit einer ganzen Reihe von William-Dieterle/Paul-Muni-Filmen: Es kamen immer erstklassige Filme dabei heraus, die zudem ein großes Publikum anzogen.

Natürlich konnte Warner diese Filme weder alleine entwerfen noch durchführen – neben einem Stab untergeordneter Mitarbeiter benötigte er vor allem eigenverantwortliche Produzenten, aus denen kreative Ideen nur so hervorsprudelten. Einer dieser Produzenten war Harold Brent Wallis, kurz Hal B., der zur wichtigsten Figur im Fall *Casablanca* werden sollte.

Hal B. Wallis

Hal B. Wallis war, nach einer klassischen amerikanischen Karriere als Laufbursche, Handlungsreisender in Sachen Elektroheizöfen und Kinomanager des Garrick Cinemas in Los Angeles, als Assistent der Publicity-Abteilung zu Jack Warner gekommen. Er dachte und redete schnell und arbeitete für zwei – und das mochte Warner sehr. So stieg Wallis nach dem Tode Sams 1928 zum Studiomanager auf und schließlich sogar zum Chefproduzenten. Mit dreißig Jahren war Wallis der zweitwichtigste Mann des Imperiums – und am Ziel seiner Wünsche. Doch nur für drei Jahre, dann erlebte er eines Morgens den klassisch amerikanischen Karriereknick: Als er sein Büro betreten wollte, fand er einen Arbeiter vor, der seinen Namen gegen den von Darryl Francis Zanuck auswechselte. Jack Warner hatte entschieden, daß Zanuck, der Autor der *Rin-Tin-Tin-*

Erfolge bei der First National, der geeignetere Mann für die künftigen Kassenerfolge sei. Wallis fügte sich in die Degradierung und machte weiterhin seinen Job – als einfacher Produzent.

Der Lohn kam 1934, als Zanuck bei Warner ausstieg, um sein eigenes Imperium, die Twentieth Century-Fox, zu gründen. Wallis kehrte auf seinen alten Posten zurück, wo er nun mit doppelter Energie die Geschäfte seines Bosses vorantrieb. Innerhalb der folgenden sieben Jahre war Wallis als Produktionschef für 371 Warner-Filme verantwortlich, davon für mehr als 130 Filme als Executive-Producer, er heimste 86 Oscar-Nominierungen und 35 Oscars ein und steigerte die Gewinne von Warner Brothers von 700 000 Dollar im Jahre 1935 auf ca. 5,5 Millionen Dollar im Jahr 1941.

Am Ende jenes Jahres schien Wallis dann der Zeitpunkt gekommen, nach jahrelanger uneigennütziger Loyalität einmal an sich selbst zu denken. Deshalb schlug er Jack Warner einen kleinen Handel vor: Selbstverständlich sei er bereit, weiter für ihn zu produzieren, nur wolle er nun ab und zu einmal einen Film ganz in eigener Verantwortung drehen. Warner stimmte zu, und so machte sich Wallis – nach sechswöchigen zähen Vertragsverhandlungen mit den Warner-Anwälten um die genauen Klauseln seines Vertrages – am 1. Dezember 1941 an die Produktion seines ersten eigenen Films: *Now, Voyager,* ein rührseliges Liebesdrama mit der Jungfrau (!) Bette Davis, Paul Henreid und Claude Rains. Der Film sollte ein Hit werden – einer der zehn umsatzstärksten Filme des Jahres 1942, wie sich später herausstellte – doch Wallis war schon während der Dreharbeiten nicht ganz zufrieden: Das war noch nicht das, was er sich vorgestellt hatte. Also machte er sich wieder auf die Suche nach etwas ganz Besonderem – bis zum 7. Dezember 1941, als er plötzlich wußte, was es sein mußte. Am Nachmittag jenes Sonntags – Wallis war gerade mit Michael Curtiz, George Brent und Ann Sheridan Skeet-Schießen – wurde im Radio eine Nachricht übermittelt, die ähnlich ungeheuerlich klang wie das Marsmensch-Hörspiel von Orson Welles: Die Japaner hatten ohne Vorwarnung die amerikanische Flotte in Pearl Harbour angegriffen und damit den Krieg gegen die USA eröffnet. Patriotismus war nun nicht nur das Gebot der Stunde, sondern auch kommerziell sinnvoll: Hatte Warner dies nicht schon bewiesen, als er mit seinen ersten patriotischen Kurzfilmen zwischen 1936 und 1941 vier Oscars gewonnen hatte? Es war also an der Zeit, endlich seinen eigenen patriotischen Langfilm zu drehen.

Am nächsten Morgen – am 8. Dezember – versammelte sich die komplette Studiobesatzung von Warner Brothers zu ungewohnter Stunde um alle Radios auf dem Studiogelände. Die Arbeiten an den Filmen wurden für eine halbe Stunde unterbrochen, und Studiotechniker, Schauspieler, Regisseure und Autoren lauschten betreten der Ansprache von Teddy Roosevelt: Er sprach von einem »hinterhältigen Messerstich in den Rücken« und davon, daß das amerikanische Volk diesen Angriff nicht unbeantwortet hinnehmen könnte. Er sprach von Krieg.

Stephen Karnot wußte nun, was gefordert war. Das hat ganz sicher seine Einschätzung von »Everybody Comes to Rick's« beeinflußt. Am 11. Dezember 1941 verfaßte er deshalb folgenden Bericht, der aus einer einseitigen Kurz-Inhaltsangabe und einer zweiundzwanzig Seiten umfassenden Synopsis bestand:

»Rick Blaine, der amerikanische Besitzer von Rick's Café in Casablanca, Französisch-Marokko, ist ein Mann voller Geheimnisse. Seine Gäste sind wohlhabende Franzosen im Exil, Flüchtlinge, französische, deutsche und italienische Offiziere. Über die politischen Spannungen scheint Rick mit zynischer Indifferenz hinwegzusehen – er verhält sich strikt neutral. Nur der französische Polizeipräfekt Rinaldo, Ricks einziger Freund, weiß von seiner Vergangenheit in Paris: Rick war ein berühmter Strafverteidiger, hatte eine Affäre mit einer anderen Frau, ließ sich 1939 scheiden, trennte sich von seinen Kindern, gab seine Karriere auf und verschwand in der Versenkung. Doch

Zwei harte Männer: Hal Wallis mit Burt Lancaster, 1956 am Set von
John Sturges' »Gunfight at the O.K. Corral«. © Bildarchiv Engelmeier

daß Ricks eigentliche Verbitterung von einem gebrochenen Herzen herrührt, weiß nur Sam, Ricks schwarzer Entertainer. Ugarte, der mit gestohlenen Ausreisevisa handelt, bittet Rick, zwei unschätzbar wertvolle Transitbriefe aufzubewahren, die von General Weygand unterzeichnet sind. Ugarte will sie noch am selben Abend für eine enorme Summe verkaufen, um dann selbst Casablanca zu verlassen.

Auftritt Rinaldo, zusammen mit Strasser, einem Gestapoagenten. Beide wollen verhindern, daß der gerade eingetroffene Victor Laszlo – ein wohlhabender tschechischer Patriot, der wegen seiner furchtlosen Arbeit im Widerstand von den Nazis gejagt wird – die Transitbriefe von Ugarte kauft. Ugarte wird verhaftet. Auftritt Laszlo, begleitet von einer schönen Frau: Lois Meredith. Rick trifft beinahe der Schlag, als er Lois erkennt, und ihre Begrüßung verrät, daß sie in der Vergangenheit schon einmal etwas miteinander zu tun hatten. Strasser stellt Laszlo ein Ultimatum: Bevor er nicht sein Vermögen an Deutschland überschreiben würde, hätte er keine Chance, Casablanca je zu verlassen. Laszlo lehnt ab.

Nachdem alle das Café verlassen haben, bittet Sam Rick, keine neue Beziehung mit Lois einzugehen. Doch Rick kann es nicht lassen. Kurze Zeit später kehrt Lois – diesmal allein – zurück und verbringt die Nacht mit ihm. Am nächsten Morgen stellt Rick, hin und her gerissen zwischen Liebe und Mißtrauen, sie zur Rede. Lois gesteht Rick, daß sie Laszlo zwar bewundere, aber weiterhin ihn liebe und bei ihm bleiben wolle. Dennoch schulde sie Laszlo einen Gefallen. Rick verspricht, Laszlo zu helfen.

Auftritt Rinaldo, der mit einem Blick die Situation überschaut und Rick klarmacht, daß Lois ihm nur etwas vorspielt. Rick stößt Lois zurück und wirft sie aus dem Café.

Als Laszlo und Lois am selben Abend ins Café kommen, um Ugarte zu finden, beleidigt der stark betrunkene Rick sie aufs gröbste. Rinaldo taucht auf, um die Situation zu bereinigen, und berichtet, Ugarte habe Selbstmord begangen. Er verdäch-

tigt Rick, im Besitz der Transitbriefe zu sein, doch Rick weicht geschickt den Unterstellungen aus. Rinaldo stellt zwei neue Personen vor: Jan und Annina Viereck, ein junges, frisch verheiratetes Ehepaar aus Bulgarien. Als Annina Rick gesteht, daß sie für den Preis eines Ausreisevisums für Jan mit Rinaldo ins Bett gehen wolle, schmilzt Ricks Zynismus dahin; er beginnt, Lois zu verstehen. Als Rinaldo sich an Annina heranmacht, schlägt Jan ihn nieder. Das Licht erlischt, die französischen Gendarmen tauchen pfeifend auf der Szene auf, doch den Vierecks gelingt die Flucht.

Die Suche bleibt ergebnislos. Rinaldo läßt das Café schließen. Tatsächlich hat Rick die Vierecks versteckt und weigert sich, sie gehen zu lassen – denn Sam wird am nächsten Morgen die Flugtickets nach Lissabon bringen. Erneuter Auftritt Rinaldo, der Rick vor falschen Schritten warnt: Das Café bleibt so lange geschlossen, bis die Vierecks gefunden seien. Lois taucht wieder auf: Sie will Laszlo nun endgültig verlassen und zu Rick zurückkehren. Der bittet sie, ihm mit den Vierecks behilflich zu sein. Rick ruft Rinaldo an, um ihm die Vierecks auszuliefern. Als Rinaldo das Café betritt, findet er Rick und Lois in eindeutiger Umarmung. Rick macht einen neuen Vorschlag: Er wolle Laszlo für Rinaldo in die Falle locken, mit Hilfe der Transitbriefe, falls Rinaldo den Vierecks erlaubt, Casablanca zu verlassen. Rinaldo, von der Liebesszene überzeugt, willigt ein. Er hält seine Gendarmen zurück und läßt die Vierecks mit Flugticket und Transitbrief ziehen.

Rick ruft Laszlo an, der kurz darauf erscheint, um den anderen Transitbrief in Empfang zu nehmen. Rinaldo will ihn in flagranti verhaften, doch nun hält Rick Rinaldo plötzlich einen Revolver vor die Nase. Erst jetzt realisiert Lois, daß Rick, um ihr und Laszlo die Flucht zu ermöglichen, praktisch Selbstmord begeht. Sie versucht verzweifelt, ihn daran zu hindern, doch Rick bleibt stur. Lois und Laszlo verlassen Casablanca. Rick, mit wiederhergestellter Selbstachtung, ergibt sich Rinaldo und Strasser.«

Karnot war begeistert. So sehr, daß er eine kleine Notiz an Hal B. Wallis schickte, die den wohl erst so richtig hellhörig machte:

»Exzellentes Melodrama. Farbiger hochaktueller Hintergrund. Spannend, eine Menge Suspense, psychologische und physische Konflikte, straffe Dramaturgie, sophisticated mit Sentiment. Ein logischer Boxoffice-Hit – für Bogart, Cagney oder Raft in einer unüblichen Rolle und vielleicht auch für Mary Astor geeignet.«

Das war's, was Wallis wollte. Sofort sah er die Palmen Afrikas sich in einer kalifornischen Windböe wiegen, den Sand von Beverly Hills durch die Studiohallen fliegen, erfahrene amerikanische Statisten in langen Kaftans durch patinierte Studiostädte schlurfen, Hunderte von Hollywood-Emigranten unter der sengenden Scheinwerfer-Sonne Marokkos schmachten und die Registrierkassen seiner eigenen Filmproduktion klingeln. War nicht erst vor kurzem ein ähnlicher Film mit Charles Boyer und Hedy Lamarr erfolgreich gewesen? Und hatte der nicht einfach *Algiers* (1938) geheißen? Hal Wallis war sich sicher: »I want it« war sein kurzer und prägnanter Kommentar! So wurde, laut Memo vom 31. Dezember 1941, ein kleines, unproduziertes Stück von Murray Burnett und Joan Alison per Dekret zu *Casablanca*.

Und das Wunder konnte beginnen.

Die Zwillinge

Hal B. Wallis' »I want it!« setzte jene heute schon legendäre Hollywood-Maschinerie in Gang, die die großen Studios in ihrer Hochzeit auszeichnete. Viel mehr als heute ähnelte da der Weg eines Scripts bis zum fertigen Film dem Weg eines Autos von der ersten Schraube bis zur Fahrt aus dem Firmentor. Wie am Fließband stellte die Filmindustrie damals Produkte her, deren Gehalt dann – überraschenderweise – noch immer künstlerisch war.

Nichts anderes als einer von vielen ähnlich großen, wichtigen und arbeitsintensiven Filmen war auch *Casablanca* – ein kleines Rädchen unter vielen anderen kleinen Rädchen. Mit Karnots Entscheidung, den Stoff zu empfehlen, war zwar nicht automatisch diese Maschinerie in Bewegung gesetzt, doch die Bedingungen dafür waren günstig. Und spätestens ab Wallis' Ansage, den Stoff zu kaufen, lief sie auf Hochtouren. Gesucht wurde zunächst einmal ein Autor.

Die erste Wahl, Robert Buckner, lehnte mit einem schönen, negativen Memo ab, das in der Bemerkung gipfelte:

»Der größte Augenblick des Stückes ist blanker melodramatischer Kitsch.«

Die nächsten waren das Autoren-Team Aeneas MacKenzie und Wally Kline. Sie waren schon etwas vorsichtiger: Am 2. Januar 1942 schrieb MacKenzie an Hal Wallis:

»Das Stück bietet die Chance eines ganz exzellenten Themas – es erzählt nämlich davon, daß Menschen, die das Vertrauen in ihre Ideale verlieren, schon besiegt sind, bevor der Kampf beginnt. Das ist es, was sowohl Frankreich als auch Rick Blaine passiert.«

Sein Partner Wally Kline hingegen fand das Stück eher mäßig, und auch MacKenzie mußte nach einer etwas genaueren Analyse des Stückes sein positives Ersturteil revidieren.

Trotz ihrer Bedenken – oder vielleicht auch gerade deswegen – erhielten MacKenzie und Kline von Wallis den Auftrag, gemeinsam ein »treatment« und einen Story-Aufriß von »Everbody Comes to Rick's« zu verfassen. Das war, laut Memo von Paul Nathan, am 9. Januar 1942. Währenddessen entschlossen sich Wallis und Warner, schon am 10. April mit den Dreharbeiten zu beginnen. Die Zeit drängte, der Krieg mit Japan sollte nicht ewig dauern, und auch die anderen Studios ließen mit Kriegsware nicht auf sich warten.

Also ließ Wallis sich gleich nach der Fertigstellung der Treatments zwei erfahrene Autoren kommen, die das neue Script anfertigen sollten: Es waren die Brüder Philip und Julius

Casablanca – das
Wunder beginnt.
Ein Gläschen
Champagner darf's
da schon sein.
Ingrid Bergman,
Bogart und Dooley
Wilson.
© Robert Fischer

Epstein. Beide hatten Warner schon einige größere Erfolge geliefert:

Die Seifenoper *Four Daughters* von Michael Curtiz (1938), eine Art Mini-Serie, die nach dem überwältigenden Erfolg des ersten Films im folgenden Jahr mit den Filmen *Daugthers Courageous* und (natürlich) *Four Wives* fortgesetzt wurde.

Die Epsteins galten eher als Spezialisten für leichte Komödien – und schon deshalb interessierte sie *Casablanca*, denn es war endlich einmal etwas ganz anderes. Sie willigten also ein, das Drehbuch zu schreiben – mit einer kleinen Einschränkung: Eigentlich hatten sie keine Zeit. Kurz zuvor hatten sie – der Ehre und des Patriotismus wegen – eine Einladung angenommen, umsonst mit und für Frank Capra einige Filme der Serie *Why We Fight* zu schreiben, und waren somit eigentlich schon auf dem Weg nach Washington, als Wallis' Angebot sie erreichte. Da ihnen *Casablanca* wirklich gut gefiel, sie andererseits aber auch den Propaganda-Job nicht absagen konnten, ließen sich Wallis und Warner auf einen seltsamen Deal ein:

Die Brüder durften das Stück mit nach Washington nehmen und erklärten sich bereit, es dort – in jeder verfügbaren Sekunde, versteht sich – zu einem Drehbuch umzuarbeiten. Eine vorhersehbare Katastrophe, so will es uns heute scheinen – vor allem in Anbetracht des kurzen Zeitraums, der ihnen blieb. Doch manchmal schien offensichtlich auch in Hollywood ein Mangel an wirklich hervorragenden Leuten zu herrschen. Oder aber die Epsteins waren das, was man in späteren Zeiten mit »trendy« bezeichnen sollte.

Mitte Januar, als die Epsteins mit Stück und guten Vorsätzen nach Washington flogen, herrschte bei Warner über die sonstigen Produktionsbedingungen von *Casablanca* anscheinend noch weitgehende Unklarheit. Zwar hatte die Presseabteilung von Warner am 5. Januar (also noch vor dem Engagement von Kline und MacKenzie als Treatment-Schreiber) im »Hollywood-

Reporter« die Meldung lanciert, daß Ann Sheridan, Ronald Reagan und Dennis Morgan in *Casablanca* spielen würden, was auf ein B-Picture schließen ließ, doch scheint schon mit der Verpflichtung der Epstein-Zwillinge dieser Gedanke ad acta gelegt worden zu sein. Von diesem Augenblick an wußten Warner und Wallis offenbar, daß *Casablanca* ein A-Picture werden sollte, was sich sowohl auf die Besetzung als auch die Produktionsbedingungen auswirken mußte.

Anders ist nämlich nicht zu verstehen, daß Wallis am 13. Februar 1942 versuchte, einen der damals höchstdotierten Regisseure, William Wyler, für sein neues Projekt zu gewinnen. Wyler hatte sich mit dem Bette-Davis-Film *Jezebel* (1938) sowie mit *The Letter* (1941, mit Olivia de Havilland, nach einem Drehbuch von Howard Koch, der später noch eine wichtige Rolle bei *Casablanca* spielen sollte) als sensibler Frauenregisseur profiliert und galt als »the hottest director in town«. Doch nun saß er mit Sam Goldwyn in Sun Valley, spielte – laut Telex von Norman Krasna, der eigentlich mit Wyler *Princess O'Rourke* schreiben sollte, die meiste Zeit wohl aber untätig danebensitzen mußte – regelmäßig bis tief in die Nacht Gin-Rommé und hatte keinen Gedanken übrig für einen anderen Film.

Nach Krasnas eher ratlos klingendem Telex hatte sich Wallis' Suche nach einem hochkarätigen Regisseur außerhalb des eigenen Studios erledigt und er besann sich auf einen seiner Hausregisseure. Natürlich gab es von denen eine ganze Menge, und zwei derjenigen, die von sich behaupten, das Projekt früh in der Hand gehabt zu haben, waren Vincent Sherman und Howard Hawks.

In einem Leserbrief an »American Film« hat Sherman viele Jahre später, in einer Reaktion auf einen Artikel Ronald Havers, noch einmal diese Begebenheit rekapituliert: Wallis sei zwar von seiner Begeisterung für den Stoff angetan gewesen, doch sei er, Sherman, ihm als Regisseur für diesen Stoff wohl doch nicht gut genug gewesen.

Howard Hawks hingegen brachte sich selbst um die Chance,

Casablanca zu inszenieren: Ihm gefiel das Drehbuch nicht, und so tauschte er – so wenigstens erzählte Hawks später die Geschichte – einfach mit Michael Curtiz und drehte statt dessen eine Geschichte über einen Haufen Hinterwäldler (*Sergeant York*, 1943).

Und so – oder vielleicht auch ganz anders – kam *Casablanca* schließlich zu Michael Curtiz. Und der zum besten Job seines Lebens.

Der Mann, der kein Englisch konnte

1942 war Michael Curtiz, der eigentlich Mihaly Kertesz hieß, schon 16 Jahre lang in Hollywood. Englisch gelernt hatte er in dieser Zeit dennoch nicht richtig, und das sollte er auch bis zu seinem Tod 1961 nicht nachholen können. »Broken English« in den wildesten Ausführungen war und blieb sein Markenzeichen – und die Witze, die über ihn erzählt wurden, haben sich zum größten Teil bis zum heutigen Tag in Hollywood gehalten. Aber warum soll man auch Sprachen sprechen, wenn man die filmische versteht, mag sich Curtiz gedacht haben – und die konnte er perfekt.

Curtiz war sicherlich einer der wandlungsfähigsten Regisseure, die es in Hollywood je gegeben hat: Ob Kostümfilm, Gansterfilm, romantisches Liebesdrama oder *Série noire*, für ihn gab es offensichtlich keine Probleme, sich in dem jeweiligen Genre zurechtzufinden. Ähnlich vielschichtig wie seine Begabung war auch seine Vergangenheit: Geboren wurde er am 24. Dezember 1888 in Budapest. Damit aber hört die Gewißheit über die ersten Jahre seines Lebens schon auf, und Curtiz hat in seinen Interviews nicht übermäßig dazu beigetragen, diese Unklarheiten aus der Welt zu schaffen. Mal waren seine Eltern Juden, die in gehobenen Verhältnissen lebten, mal bourgeoise Mittelkläßler, dann wieder arme, mittellose Habenichtse. Im Alter von 14 Jahren ging Mihaly – das ist ziemlich sicher – mit seiner Familie nach Wien, doch dort verwirrt sich die Geschichte erneut: Curtiz schwankte hier zwischen einer Existenz als Statist in zahlreichen Wiener Theaterproduktionen und einer Karriere als Trampolinartist, Akrobat, Pantomime und Jongleur in einem Wanderzirkus.

Gesichert scheint hingegen zu sein, daß er schließlich an die Markoszy-Universität sowie an die königliche Theater- und Kunstakademie in Budapest ging und nach seinem Studium als Schauspieler Mitglied des ungarischen National-Theaters wurde. Dort muß er dann auch mit dem Film in Berührung gekommen sein, denn 1912 war er als Schauspieler, Co-Autor und eventuell auch Regisseur an einem der ersten ungarischen Filme beteiligt: *Ma Es Holnap* (Heute und morgen). Nach einem weiteren Film in Ungarn hatte Curtiz Blut geleckt und wollte mehr über das Filmemachen lernen – er packte seine Koffer und fuhr 1913 nach Dänemark, um bei Mauritz Stiller und Victor Sjöström in die Lehre zu gehen. Nach sechs Monaten war jedoch diese Lehre schon wieder vorbei: Der erste Weltkrieg brach aus. Curtiz diente kurze Zeit in der österreichisch-ungarischen Artillerie, wurde dann jedoch in die Propaganda-Kompanie versetzt und zum Wochenschau-Kameramann befördert. 1916, inzwischen wieder ausgemustert, heiratete er das 17jährige Starlet Lucy Doraine – ein früher Hinweis auf seine später oft ausgelebte Zuneigung zu sehr jungen Frauen. Ein Jahr später begann Curtiz mit der Arbeit für die Budapester Phoenix-Film, eine der besten und einflußreichsten europäischen Firmen jener Zeit, die versuchte, ein dem amerikanischen Starsystem adäquates Projekt in Europa aufzuziehen. Filme von Phoenix waren berühmt für ihre elaborierte Kameratechnik, die auch die Verwendung ungewöhnlicher Mittel einschloß – sicher ein Grund für Curtiz' spätere Begeisterung für alle kameratechnischen Spielereien. 1919 verstaatlichte die ungarische Regierung unter Bela Kun die Filmindustrie. Curtiz entschloß sich sofort, mitten in den Dreharbeiten zu Ferenc Molnars *Liliom*, das Land zu verlassen – und wieder einmal werden die Fakten seines Lebens dünn: Vermutlich ging er zunächst nach Schweden, wo er Gerüchten zufolge mit der 14jährigen Greta Garbo einen Film über Marie-Antoinette gedreht hat. Schließlich aber finden wir ihn in Wien wieder, wo er sich von 1919 bis 1926 der Sascha-Film des Grafen Alexander Kolowrat anschloß, für die er mindestens 21 Filme drehte.

Viele der Filme von Curtiz für Sascha-Film waren biblischen oder zumindest historischen Inhalts – und einer davon *Die Sklavenkönigin* (1924), brachte ihn dann schließlich nach Hollywood. Jack Warner, dessen Bruder Harry den Film 1925 in Paris gesehen hatte, benötigte dringend einen Mann mit einer Hand für historische Stoffe. Er wollte Cecil B. De Mille mit dessen eigenen Waffen schlagen, und Lubitsch, der eigentlich für Filme dieser Art ausersehen war, drehte nun bei Warner lieber Komödien. Also kaufte Warner Curtiz ein.

Das junge Genie: Mihaly Kertesz (r.), im Gespräch mit Gustav Ucicky (2 v. l.) und dem Produzenten Sascha Kolowrat (steh.), wie üblich angehimmelt von einer Schauspielerin.

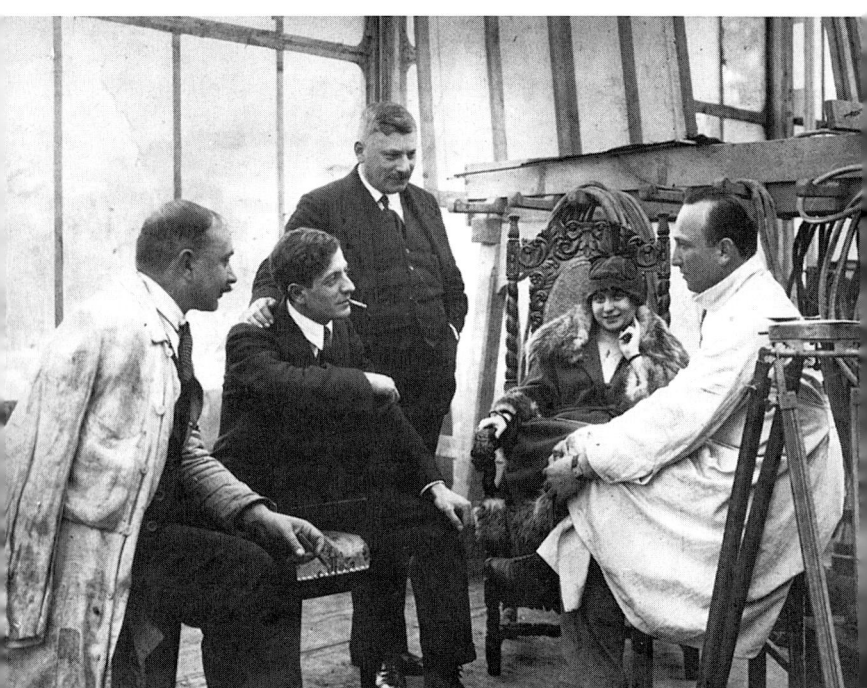

1926, am 4. Juli, traf Curtiz mit dem Schiff in New York ein, und schon mit seinen ersten Worten auf amerikanischem Boden begannen die Witze über seine englischen Sprachversuche – die »Curtizisms«, wie man sie später im Studio nur noch nannte. Denn Curtiz, dem Warner große Pressekonferenzen und Empfänge versprochen hatte, geriet in die Feiern zum amerikanischen Unabhängigkeitstag. Er glaubte, der Empfang sei für ihn, und rief begeistert »Ah, thees Amerika! Vot a vunderful velcome! Und thees Varner Brosers! I luff all five at vunce!« Harry Warner soll es nicht übers Herz gebracht haben, ihm die Wahrheit zu gestehen!

Curtiz' Englisch sollte während seiner Jahre in Hollywood nicht besser werden, ganz im Gegenteil: Es war und blieb ein idealer Nährboden für »Curtizisms«. Die berühmtesten waren seine im Eifer des Film-Gefechts ergangenen Befehle »Bring me an empty horse!« (»Bringt mir ein leeres Pferd!« anstatt »ein Pferd ohne Reiter!«), »Anybody who has any talking to do please shut up!« (»Jeder, der etwas zu sagen hat, hält bitte den Mund!«), »Let me see the tinkle in your eye!« (»tinkle« – klingeln, statt »twinkle« – blitzen, zu Errol Flynn) und, sozusagen als Motto: »Don't be nervous. I am loud but never vicious!« (»Seien Sie nicht nervös. Ich bin laut, aber niemals bösartig!«)

Curtiz war ein Mann für alle Gelegenheiten – außer für Komödien. In allen anderen Genres drehte er während der 28 Jahre, die er bei Warner als Vertragsregisseur angestellt war, 68 Spielfilme und einen Kurzfilm. Curtiz war ein Workaholic, noch bevor man wußte, was dies war – kaum hatte er einen Film beendet, wandte er sich schon dem nächsten zu. Manchen seiner Filme sah man diese Hast an, andere hingegen waren so durchdacht, daß man jahrelange Arbeit dahinter vermutet hätte.

Wegen seiner nimmerendenden Arbeitswut war Curtiz bei den Teams nur mäßig beliebt – und noch weniger bei den Stars. Diese Einschätzung beruhte jedoch auf Gegenseitigkeit. Ironischerweise entdeckte und förderte Curtiz einige der Stars, die er dann später, als sie Stars geworden waren, nicht mehr ausstehen konnte: Errol Flynn, Bette Davis und Doris Day. Einige von ihnen, wie James Cagney und Joan Crawford, führte er sogar zu ihren einzigen Oscars.

1942, zu Zeiten von *Casablanca*, war Curtiz ziemlich sicher die Nummer eins unter den festangestellten Regisseuren des

Curtiz spricht Englisch – und Ingrid Bergman schaut, als verstünde sie kein Wort. © Dr. Karkosch

Warner-Studios, ein sogenannter A-picture-Regisseur. A-picture-Regisseur zu sein hatte unbestreitbare Vorteile: Man mußte nicht mehr jedes Script akzeptieren, konnte (nach Aussage von William Dieterle, einem anderen A-Regisseur von Warner) bis zu drei Drehbücher ablehnen, bevor man ein neues Projekt annahm, und hatte die Möglichkeit, sich bestimmte Schauspieler für einzelne Projekte zu wünschen – ob dieser Wunsch erfüllt wurde, war dann natürlich eine andere Frage. Und man mußte nur noch drei bis vier Filme im Jahr drehen, nicht mehr sechs oder sieben, wie die einfachen B- und C-picture-Regisseure des Studios (bei Warner waren dies u. a. Ray Enright, Alfred E. Green, Archie Mayo, Nick Grinde, William McGann und Frank McDonald, weitere A-Regisseure waren neben Dieterle noch Howard Hawks, Mervyn LeRoy und später John Huston). Curtiz jedoch war auch schon über diesen Status hinaus: Er war in der glücklichen Position, sich einzelne Projekte auswählen zu können. Das ging sogar, etwa im Falle von *The Adventures of Robin Hood* (1938), so weit, daß Curtiz sich ein Projekt sichern konnte, das eigentlich schon ein anderer Regisseur (William Keighley) drehte. Curtiz demonstrierte hier eine Macht, über die nie wieder ein Regisseur bei Warner Brothers verfügte. So war es eigentlich nur logisch, daß Wallis sich den besten Mann der Firma sicherte – schließlich war *Casablanca* sein zweites eigenes Projekt und ein Grundstein seiner eigenen, von Warner unabhängigen Karriere.

Als Wallis seinem Regisseur Curtiz die Geschichte erzählte, soll dieser begeistert gewesen sein. Noch gab es zwar kein Drehbuch, auch die Geschichte schien ein wenig verworren, doch das romantische Potential der Story war in seiner Verbindung mit einer spannenden und hochaktuellen Hintergrundgeschichte genau das, was Curtiz suchte. Endlich einmal konnte er in einen Film ein bißchen von seinem Wissen über Emigranten-Schicksale einbringen.

Wie gut Curtiz zu *Casablanca* paßte, sollte Wallis gleich im ersten Gespräch Ende März klarwerden. Wallis meinte, die Geschichte sei zwar noch etwas roh, doch sicher ganz spannend – und Curtiz antwortete mit stoischer Ruhe: »Don't worry vat is rough – I make sure it go so fast no one vill notice.« (»Keine Sorge über das Unfertige – ich sorge dafür, daß der Handlungsablauf so rasant ist, daß es keiner merken wird!«)

Nun gab es einen Regisseur, aber noch immer kein Drehbuch. Wallis verschob deshalb den geplanten Starttermin der Dreharbeiten – den 10. April 1942 – um sechs Wochen auf den 25. Mai und kümmerte sich um die Besetzung.

Stars und Sidekicks

Hal B. Wallis hatte mit seinen Besetzungsüberlegungen eigentlich schon angefangen, als feststand, daß *Casablanca* seine zweite eigene Produktion werden sollte. Ende Januar 1942 gab er seinem Herstellungsleiter Steve Trilling den Auftrag, anhand des Stückes mit der Besetzung zu beginnen: Es sollte eine hochwertige Besetzung werden, und selbst die kleineren Rollen sollten von populären Mitgliedern des Warner-Ensembles gespielt werden. Wallis selbst beteiligte sich an der Suche nach einer geeigneten Besetzung, und sein erster Vorschlag an Trilling kam per Memo am 5. Februar 1942: Wallis schlug vor, den farbigen Mann am Klavier in eine farbige Frau umzuwandeln, und schrieb:

»Als ich kürzlich in New York war, habe ich Hazel Scott in der Uptown Café Society gesehen. Sie wäre wunderbar für diese Rolle. Ebenso weiß ich, daß eine Farbige derzeit in Felix Young's Nachtclub auftritt. Ich hätte gerne, daß Sie sie anschauen und mir sagen, wie sie ist. Ihr Name ist Elena Horne.«

Kein schlechter Gedanke: Lena Horne in *Casablanca*? Natürlich wäre es die falsche Rolle gewesen. Irgendwie mußte es ein Mann sein, und so kam schließlich am 20. April mit Dooley Wilson der erste männliche Farbige zu Warner, um einen Leinwandtest zu absolvieren. Darüber berichtete Wallis seinem Regisseur am 22. April:

»Der Test mit Dooley Wilson ist recht gut. Er ist nicht perfekt für diese Rolle, aber falls wir niemand Besseren mehr finden, dann denke ich, daß er es spielen kann.«

Das Problem mit Wilson war, daß er zwar perfekt aussah für die Rolle von »Sam the Rabbit«, den Blues singen konnte wie ein Engel, durch die Welt getourt war mit seinen Bands und dabei auch in Frankreich aufgetreten war – ganz so, wie es Murray Burnett gesehen hatte –, nur konnte er nicht Klavier spielen! Eine Schwierigkeit, die später, während des Drehens, auf eine etwas komplizierte Weise gelöst werden mußte . . .

Am 3. Mai ging die Rolle von »Sam« schließlich doch an Dooley Wilson. Der mußte zwar extra für 500 Dollar wöchentlich von der Paramount geborgt werden, doch kann man sich heute eigentlich keinen anderen in dieser Rolle vorstellen.

Wilson hatte zu jenem Zeitpunkt eine klassische Musikerkarriere hinter sich: Als Arthur Wilson geboren, trat er schon als Siebenjähriger in Kirchen, Bars und auf öffentlichen Plätzen in Texas auf, um durch seinen Gesang den Eltern ein bißchen Geld dazuzuverdienen. Zehn Jahre später schloß er sich einer schwarzen Schauspielertruppe an: der »Pekin Stock Company«. Sie spielten alle Arten von Stücken und schminkten sich, um Weiße zu verkörpern, die Gesichter weiß. Wilson entwickelte ein besonderes Talent bei der Verkörperung von irischen Charakteren, und da er in einem Stück als Ire mit dem Song »Mr. Dooley« einen durchschlagenden Erfolg feierte, übernahm er »Dooley« einfach als Pseudonym. In der Folgezeit arbeitete Wilson als Drummer bei einigen Jazzbands in Chicago und Harlem, gründete schließlich seine eigene Band, »The Red Devils«, und ging mit ihr auf Tournee nach Europa. Nahezu zehn Jahre verbrachte Wilson nun in Europa, vor allem natürlich in Paris,

Nächste Doppelseite:
»Of all the gin joints in all towns all over the world she walks into mine . . .«: Dooley Wilson tröstet den trinkenden Bogie.
© Robert Fischer

wo die Jazzwelle in den zwanziger Jahren besonders hoch schlug. Bei einer Gelegenheit spielte er sogar auf einer Galaparty zu Ehren Lawrence von Arabien – und zwar in Casablanca!

Wilson gelang schließlich 1943 der Durchbruch als Schauspieler in *Cabin in the Sky*, wo er auf dem Broadway an der Seite des schwarzen Stars Ethel Waters den »Little Joe« spielte. Dieser langersehnte Erfolg brachte ihn nach Hollywood, wo Paramount Pictures ihm einen Vertrag als Vertragsschauspieler anbot – um ihn dann nicht zu beschäftigen. Auch Wilson kam *Casablanca* also gerade recht!

Natürlich kümmerte sich Wallis nicht nur um Nebenrollen, sondern vor allem um die beiden Hauptcharaktere: Rick Blaine und Lois Meredith, wie sie im Stück hießen. Für beide hatte er von Anfang an ganz klare Vorstellungen: Er wollte aus der Amerikanerin Lois eine Europäerin machen – eine Idee, die er dem Drehbuchautor Casey Robinson »abgeluchst« hatte. Wallis fand das romantischer und natürlich auch – mit Blick auf den Durchschnittsamerikaner – geheimnisvoller. Seine Vorstellung von Lois war recht eindeutig: Er wollte Ingrid Bergman. Sie ihrem Mentor und »Besitzer« Selznick abzugewinnen, war jedoch nicht unbedingt das Einfachste auf der Welt. Also machte Wallis sich erst einmal daran, die männliche Hauptrolle unter Dach und Fach zu bringen: Humphrey Bogart.

Bogart aber war dem alten Warner gar nicht recht. Er wollte lieber einen richtigen, altmodischen Star, einen wie George Raft. Doch Wallis blockte energisch ab.

»Lieber Jack, ich habe sehr sorgfältig über George Raft für Casablanca nachgedacht und bin der Auffassung, daß er nicht in diesem Film sein sollte. Bogart ist ideal, die Rolle ist für ihn geschrieben, deshalb sollten wir Raft vergessen.«

Also blieb alles beim alten – bei Bogie. Bogie war bis zu seinem Erfolg im *Maltese Falcon* eigentlich eher ein Mann fürs Grobe gewesen. Zumindest sein Boß, Jack Warner, hatte das so gesehen. Bogie hatte Bösewichter gespielt, schmierige Side-

Bogie – wie ihn Männer und Frauen liebten: romantisch, edel, cool.
Mit Lauren Bacall in »To Have and To Have not«. © Inter-Topics

kicks oder üble Widersacher der großen Gangsterhelden und
war in den meisten seiner Filme eines unnatürlichen Todes gestorben: »Ich war der Sandsack für Cagney, Raft, Robinson«, hat
er selbst einmal gesagt, »überhaupt für jeden. Ich trug eine Art
von Uniform in diesen Rollen: ein blauer Anzug, ein blaues
Hemd, unauffällige schwarze oder rote Krawatten, Hut mit her-
untergezogener Krempe. Ich ging immer drauf und kriegte nie
das Mädchen.« Und Edward G. Robinson ergänzte: »Er war
immer der rivalisierende Gangster. Bevor er ein Star wurde,
schossen wir gewöhnlich aufeinander. Nur weil ich der Star
war, starb er, wenn ich auf ihn schoß. Ich spielte dann noch
einen Akt lang weiter und starb am Ende auch, weil in diesen
Filmen der Tod der Lohn der Sünde war. So schrieb es die Zen-
sur vor.«

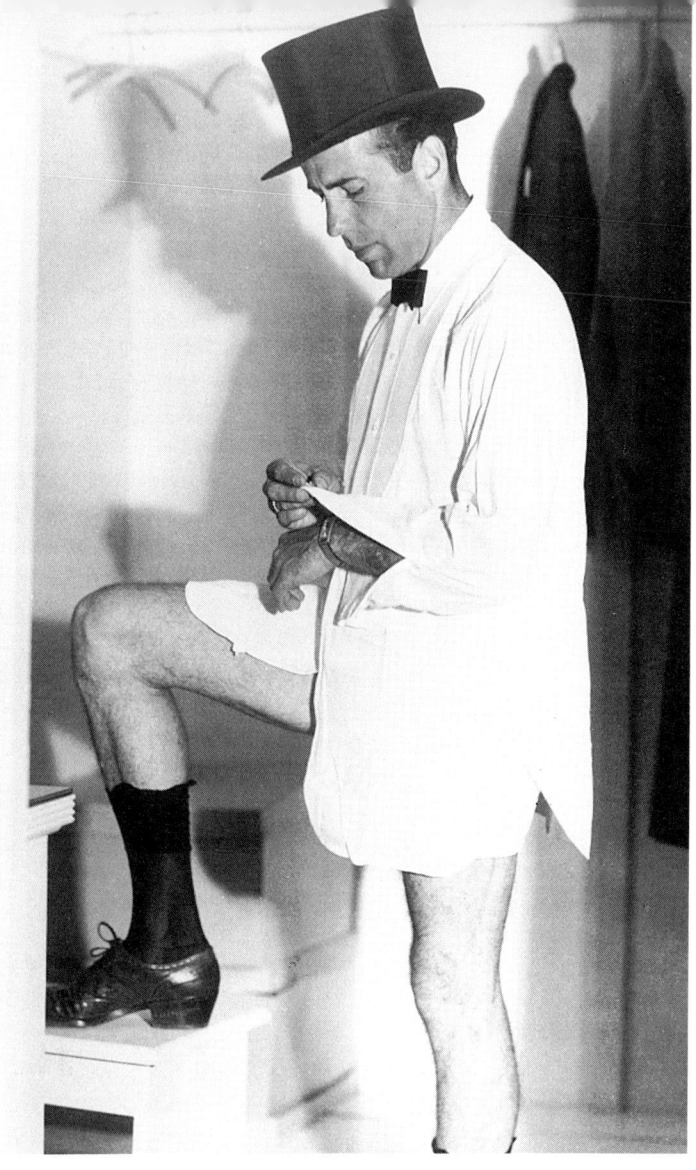

So hingegen kannten ihn die wenigsten: Bogie in Unterhosen, nicht ganz so cool © Inter-Topics

Doch all dies war mit einem Schlag nach dem *Maltese Falcon* vorbei: Die Zuschauer wollten Bogie nun nicht nur zynisch und gebrochen, sondern auch romantisch – und zärtlich. Bogarts Image hatte sich mit einem einzigen Film grundlegend geändert – und natürlich auch seine Gage: Von 500 Dollar in der Woche stieg sie auf 3500 Dollar, denn Bogie war jetzt ein Star. Nun suchte er nach den passenden »neuen« Rollen: Um keinen Preis wollte er diese Chance verpassen und in sein früheres Image zurückfallen. Als Wallis ihm deshalb *Casablanca* anbot, war Bogart – nach einer mündlichen Inhaltsangabe, denn ein Drehbuch gab es ja nicht – begeistert: Dies war etwas, auf das er nach seinem Rollenwechsel gewartet hatte. Ein »tough guy« in einer romantischen Geschichte. Ideal. Und als Wallis ihm dann auch noch erzählte, wen er für die weibliche Hauptrolle haben wollte, war Bogies Glück perfekt.

Ingrid Bergman aber war – wie schon erwähnt – im »Besitz« von David O. Selznick, und der war bekannt dafür, daß er seine Entdeckungen nicht gerne auslieh. Selznick, ein unabhängiger Produzent, dessen Ruhm sich auf den Erfolg von *Gone with the Wind* (1939) gründete, hatte die Bergman 1939 aus Schweden nach Hollywood geholt. Er wollte sie aufbauen, ganz langsam, und sie zu einem der größten amerikanischen Stars machen.

Und tatsächlich ließ er sich dabei viel Zeit, zu viel für die Bergman, die langsam ungeduldig wurde. Zwar war ihr erster Film in Hollywood *Intermezzo* (1939), ein veritabler Erfolg gewesen, und auch die nächsten drei Filme hatten ihrer Karriere nicht nennenswert geschadet. Sie galt noch immer als »hot property«. Doch nun wollte sie endlich eine richtige Herausforderung – und vor allem endlich wieder einen Film.

All dies wußte Wallis nicht. Deshalb ging er lieber ganz langsam und vorsichtig an die überaus schwierig scheinende Aufgabe heran, Selznick und seine »schwedische Nachtigall« zu umwerben. Natürlich ließ er zur gleichen Zeit bei anderen Schauspielerinnen anfragen – falls seine Tricks bei der Berg-

Und ewig lockt das Weib: Ingrid Bergman, verführerisch unter schwedischer Mitternachtssonne . . . © Ullstein

man versagen würden. Das waren, unter anderem, Ann Sheridan und Hedy Lamarr. In diesem Zusammenhang schrieb er Steve Trilling am 23. Februar folgendes Memo:

»Habe mit Ben Thau (von MGM) gesprochen. Er ist sicher, daß er keine Arrangements betreffend Hedy Lamarr für Casablanca machen kann, da L. B. Mayer sie überhaupt nicht und niemandem ausleiht.«

Andere Namen wurden in die Diskussion gebracht: die französischen Schauspielerinnen Edwige Feuillère, die Wallis in einem Film von Max Ophüls (*Sans lendemain*, 1939) bewundert hatte, Michèle Morgan, die etwas glücklos in Hollywood herumsaß und auf ihre zweite Chance (nach *Joan of Paris*, 1942) wartete, sowie die russische Tänzerin Tamara Toumanova, in die sich der *Casablanca*-Co-Autor Casey Robinson verliebt hatte.

Am 1. April aber hatte Wallis dann sein Ziel erreicht: Er hatte Selznick überlistet. In seiner Autobiographie erzählt er später: »Selznick wußte, daß ich die Bergman unbedingt haben wollte, deshalb ging er mir aus dem Weg. Nie erwiderte er meine telefonischen Anfragen. Doch eines Tages hörte ich, daß er in New York sei, im Hotel Carlyle. Ich flog sofort dorthin, schrieb mich im Hotel ein und rief ihn über das Haustelefon an. Es klappte! Er willigte endlich ein, mich zu treffen.«

Selznick hatte vor allem aus zwei Gründen ein gewisses Interesse an *Casablanca* bekommen: Zum einen wollte er seinen Star beruhigen, zum anderen brauchte er für sie einen guten Film, um sie wirklich vom »hot property« zum »Star« aufsteigen zu lassen. Eigentlich hatte Selznick (und auch die Bergman) die Hoffnung gehabt, die Paramount davon überzeugen zu können, die Bergman sei die einzig mögliche Besetzung der Maria in der Verfilmung von Hemingways *For Whom the Bell Tolls*. Doch die Bosse von Paramount zierten sich. Sie waren zwar dankbar für jede Werbung, doch ihre Entscheidung wollten sie schon alleine treffen.

Um die Paramount zu überzeugen, griffen Selznick und seine Publicity-Manager sogar zu einem ganz speziellen Trick: Sie arrangierten ein Treffen zwischen Ernest Hemingway und Ingrid Bergman in San Francisco. Hemingway war begeistert und schrieb in Bergmans Exemplar seines Romans: »For Ingrid, who is the Maria of this story!« Doch auch dies nützte nichts – ganz im Gegenteil: Nun verkündete die Paramount, man habe in der Tänzerin Vera Zorina die perfekte Besetzung für die Maria gefunden. Die Bergman war deprimiert und brauchte dringend etwas Abwechslung.

Selznick stand *Casablanca* also wohlwollend gegenüber, als er sich Anfang April mit den Epsteins in New York zu einem kurzen Gespräch traf. Die Zwillinge hatten von Wallis alle erdenklichen Vollmachten erhalten: sie sollten die Geschichte so erzählen, daß sie Selznick gefiel, und dazu war jedes Mittel recht. Die Epsteins setzten sich also beim Mittagessen zu Selznick an den Tisch und erzählten. Selznick löffelte währenddessen seine Nudelsuppe und schaute kein einziges Mal auf. Den Brüdern brach der Schweiß aus, als sie keine Reaktion auf ihre Geschichte spürten, zumal Julius Epstein klar wurde, daß nach etwa zwanzigminütiger Erzählung noch immer keine Rolle für Ingrid Bergman in ihrer Story aufgetaucht war. Also begann er, etwas zu erfinden: Ihre Rolle sei sehr komplex, sie sei in eine romantische Dreiecksgeschichte zwischen einer Jugendliebe und dem tapferen Führer einer Widerstandsbewegung verwickelt, der Film sei ein gesellschaftlich wichtiger Beitrag zur gegenwärtigen Situation, es gebe darin außerdem eine Menge Rauch und Nebel, eben eine mysteriöse Atmosphäre, und schließlich sollte die Bergman in diesem Film hinreißend gekleidet und überaus vorteilhaft photographiert werden . . .

Das war offensichtlich das ausschlaggebende Moment: Selznick schlug seine Hand leicht auf den Tisch, schaute zum erstenmal auf und meinte: »That's all I need. You've got Bergman!«

Das war genau das, was Wallis hören wollte. Daraufhin wurde am 24. April 1942 ein Vertrag zwischen Warner und Selznick geschlossen, der Ingrid Bergman für einen Film an Warner auslieh und im Gegenzug Olivia de Havilland an Selznick. Beide hatten schließlich schon einmal gute Erfahrungen miteinander gemacht: *Gone with the Wind* hatte der de Havilland damals sogar eine Oscar-Nominierung gebracht. Diesmal aber sollte Selznick sie an die RKO weiterverleihen, wo sie 1943 *Government Girl* drehte.

Der Drehbeginn von *Casablanca* wurde im Vertrag der Bergman definitiv auf den 25. Mai 1942 festgelegt, die Länge des Kontrakts belief sich auf acht Wochen, bei einer Wochengage von 3125 Dollar. Sollte die geplante Drehzeit überzogen werden, bekäme sie für jeden weiteren Tag 520,83 Dollar.

Die Bergman weinte zwar noch ihrer entgangenen Rolle der

Maria nach, und *Casablanca* stand sie auch noch ein bißchen skeptisch gegenüber, aber immerhin würde sie nach eineinhalb Jahren wieder vor einer Kamera stehen. Das entschädigte für vieles – auch für das Fehlen des Drehbuches.

Der Mann, der keine zweite Geige spielen wollte

Nach der Verpflichtung seiner beiden Stars mußte sich Wallis nun dringend um die vielen Nebenrollen in *Casablanca* kümmern.

Sein Hauptproblem war, einen geeigneten Darsteller für Victor Laszlo, den Ehemann von Ingrid Bergman, zu finden: Es sollte ein Europäer sein, der zudem glaubhaft einen Widerstandskämpfer verkörpern konnte, er mußte neben Humphrey Bogart als wirklicher Rivale um die Bergman bestehen – denn noch wußte zu diesem Zeitpunkt offensichtlich keiner, wer am Ende wirklich mit Ilsa Lund davongehen würde! Wallis' erster Versuch galt dem niederländischen Schauspieler Philip Dorn, ein heute vergessener Hollywood-Mime der zweiten Garnitur, doch sein heimlicher Wunschkandidat war der österreichische Schauspieler Paul Henreid. Beide waren keine Vertragsschauspieler von Warner, deshalb war Wallis nun von der Gunst anderer Studios abhängig: Prompt verweigerte MGM seinem Angestellten Dorn die Freigabe und schickte ihn in einen anderen, eigenen Film (*Random Harvest*, 1942).

Also suchten Wallis und Curtiz weiter – wissend, daß sie eigentlich die beste Besetzung schon kannten. Sie machten Probeaufnahmen mit Carl Esmond, einem englischen Schauspieler, mit Joseph Cotten, der zweifelsohne auch eine sehr gute Besetzung gewesen wäre, und mit dem Franzosen Jean-Pierre Aumont. Wallis und Curtiz einigten sich anscheinend sogar auf

Nächste Doppelseite:
»Ich schau' dir in die Augen, Kleines« – doch diesmal ist's ein anderer: Paul Henreid als Laszlo und Ingrid Bergman.
© Deutsche Kinemathek

Cotten, doch dann geschah etwas, was ihnen die Traumbesetzung Henreid doch wieder in greifbare Nähe brachte.

Paul Henreid war beim amerikanischen Publikum 1942 durch eine Geste berühmt geworden, die sich eigentlich nur ein Europäer erlauben konnte: Sie war nämlich anzüglich und elegant zugleich. In seinem zweiten amerikanischen Film *Now, Voyager* (Irving Rapper, 1942) sollte er seiner Partnerin, Bette Davis eine Zigarette anzünden. Er suchte nach einer Möglichkeit, diese ganz alltägliche Handlung ins Erotische zu ziehen. »Anstatt ihr einfach eine Zigarette zu geben, holte ich zwei Zigaretten aus der Schachtel, nahm sie zusammen in den Mund und steckte sie gemeinsam mit einem Streichholz an«, beschrieb Henreid später in seiner Autobiographie diese Szene. »Schließlich gab ich ihr eine der beiden brennenden Zigaretten. Das wirkte wie ein geheimer Kuß.« Die Geste ging ins Repertoire amerikanischer Kinogänger ein und Henreid war über Nacht ein populärer Schauspieler geworden – ein erfolgreicher Emigrant.

Henreid hatte alles, was zur Rolle des Victor Laszlo gehörte: Er stammte aus einer adeligen Familie (ursprünglich hieß er *von* Henreid), hatte tadellose Manieren, einen müden, aber dennoch zärtlichen Charme, ein ansprechendes Äußeres und jenes Geheimnis in seiner Aura, das Amerikaner als typisch europäisch empfinden. 1908 in Triest zu Zeiten der österreichisch-ungarischen Monarchie geboren, wuchs Henreid in Wien auf und ging bei Max Reinhardt in die Lehre. Schon bald war er *der* junge Liebhaber in Reinhardts Ensemble, und das brachte ihn schließlich nach England, wo er mehrere Filme drehte (*Victoria the Great*, 1938, und *Goodbye, Mr. Chips*, 1939) und zum Londoner Matinee-Idol auf den Bühnen des Westends avancierte. Seit Beginn des Zweiten Weltkrieges verschlechterte sich seine Auftragslage zusehends, und er geriet als Österreicher in den Sog der zwangsläufig antideutschen Stimmung in England. Nur die Intervention Conrad Veidts verhinderte eine Internierung, nicht aber Henreids Klassifizierung als »A-Alien«. So war Henreid froh, als er das Angebot erhielt, am New Yorker Broadway seinen Londoner Erfolg *The Jersey Lily* zu wiederholen. Das Projekt zerschlug sich zwar, doch nun war Heinreid in Amerika: einer unter vielen, zunächst arbeitslosen Emigranten. Aber er hatte mehr Glück als andere. Dank seiner Reputation, die er sich an englischen Theatern erworben hatte, fand er einen Agenten, Lew Wassermann, den späteren Chef der Universal, und der verschaffte ihm einen höchst ungewöhnlichen Vertrag mit der RKO: Henreid verpflichtete sich, einen Film im Jahr für die RKO zu drehen, und dies sieben Jahre lang. Ansonsten konnte er jede Rolle übernehmen, die ihm angeboten wurde.

Dieser Vertrag ließ Henreid die Freiheit, die er brauchte, und nach seinem ersten Film bei der RKO (*Joan of Paris*, 1942) nützte Henreid sie dann, um bei Warner mit *Now, Voyager* berühmt zu werden. Wallis kannte ihn seit diesem Film und wußte, daß er gut bei Frauen ankam. Die ideale Besetzung für *Casablanca*, dachte er, die beste aller möglichen Besetzungen für die Bergman – doch die Chance, daß Henreid eine eigentlich zweitrangige Rolle spielen würde, war mehr als gering. Und so war es dann auch. Henreid erkannte sofort, daß die Zuschauer immer nur das Paar Bergman-Bogart lieben würden, selbst wenn er die Bergman am Schluß für sich gewinnen und behalten würde.

Doch dann wiederholte sich die Geschichte; als die Amerikaner in den Zweiten Weltkrieg eingriffen, sah Henreid dasselbe Schicksal heranziehen, wie es ihn bereits in England ereilt hatte: Nun war er wieder in Gefahr, zum »feindlichen Ausländer« gestempelt und interniert zu werden. In dieser Situation erhielt das Angebot von Wallis einen ganz anderen Stellenwert. Henreid ließ über seinen Agenten Wassermann anfragen, ob Warner ihm vielleicht auch einen Siebenjahresvertrag als Vertragsschauspieler anbieten würde, wenn er *Casablanca* akzeptieren würde. Er hoffte, damit einen Status zu bekommen, der eine Internierung unmöglich machte –

zumal die Rolle des Victor Laszlo antinazistisch angelegt war. Wallis und Michael Curtiz kam dieser Vorschlag nur gelegen: Einen Mann vom Format Henreids in der Besetzungsliste von *Casablanca* und dann auch noch als neuen Vertragsschauspieler bei Warner – das war mehr, als sie sich erhofft hatten. Doch Henreid zögerte noch immer, und in einem Memo, das am 1. Mai 1942 an Wallis ging, faßte Steve Trilling noch einmal alle Probleme zusammen:

»Wie Sie wissen, war eines der Hindernisse Henreids Befürchtung, sich uns exklusiv anzuschließen und dann nur noch kleine Rollen spielen zu dürfen. In dieser Hinsicht ist er – Sie haben es sicher inzwischen gemerkt – wie alle Schauspieler. Unter großen Mühen haben wir ihn dazu gebracht, daß er den Stellenwert, den wir ihm für die ersten beiden Filme unter seinen Kollegen wie in der Reklame zusicherten, akzeptierte. Wir haben vereinbart, daß er danach im Abspann immer an erster oder zweiter Stelle steht. Für dieses Mal sollten wir ihm die Gleichstellung mit Bogart und Bergman garantieren, das würde die Sache erheblich vereinfachen.«

Wallis antwortete kurz und bündig noch am selben Tag:

»Wenn wir Henreid für Casablanca kriegen können, stellen wir ihn Bogart und Bergman gleich!«

Damit wurde Paul Henreid schließlich doch noch zu Victor Laszlo – und ging, genau wie er es befürchtet hatte, als »zweite Geige« in die Kinogeschichte ein.

Die Guten und die Bösen

Ein populäres Rollenschema bestimmt, daß der Held eines Stückes (oder eines Films) die beste Rolle haben muß und die Heldin die zweitbeste. Alle anderen Rollen sind daneben zweitrangig. Doch es kommt oft anders – und so, wie dem Helden Romeo zwar die Liebe der Zuschauer gilt, die schönste Rolle aber eigentlich ein anderer hat, nämlich sein Freund Mercurio, so ist es auch in *Casablanca*: Zwar gilt auch Bogie die

Liebe der Zuschauer, die eigentlich schönste Rolle aber ist eine andere.

Gemeint ist natürlich die Rolle des Capitaine Renault: ein im Original eher kleiner Part, der zudem noch ganz unfranzösisch Captain Rinaldo hieß, ein zwielichtiger Charakter, der seine politische Macht dazu nützt, Frauen zu verführen, der eigentlich ein Böser ist und am Ende auf der falschen Seite steht. Eine gute Nebenrolle, mehr nicht, doch Claude Rains, der Schauspieler, den Curtiz und Wallis von Anfang an für diese Rolle im Auge gehabt hatten, machte sie zu einer brillanten Charakterstudie: ein Mensch mit Charme, Skrupellosigkeit, Überlebenswillen – und Menschlichkeit.

Louis Renault ist, neben Rick Blaine, die vielschichtigste und schillerndste Figur in *Casablanca* – und die, die uns noch heute in ihrem Handeln und ihren Beweggründen am nächsten ist. Renault ist ein Opportunist, einer, dem das eigene Hemd am nächsten ist (»I'm only a poor corrupt official«, sagt er ironisch über sich selbst), und doch bleibt er dabei verständlich und liebenswert. Er ist ein Individualist, wie Rick.

Der englische Schauspieler Claude Rains war 1942, als er die Rolle des Louis Renault übernahm, schon ein »alter Hase« in Hollywood. 1890 in London geboren, kam er zu Beginn der dreißiger Jahre nach Amerika und feierte 1933 mit *The Invisible* einen ungewöhnlichen Erfolg – bedenkt man, daß er in diesem Film eigentlich ohne ein eigenes Gesicht spielte. Rains wurde – ähnlich wie Bogart – schon früh Vertragsschauspieler bei Warner, hatte – anders als Bogart – aber Glück mit den Rollen, die ihm das Studio gab: Er wurde bald als einer der vielseitigsten Schauspieler des Studios anerkannt und spielte jede erdenkliche Rolle in nahezu allen Filmgenres. Darunter waren Bösewichter in historischen Filmen wie *Robin Hood* und Meerabenteuern wie *The Sea Hawk*, machtbesessene Politiker wie in *Mr. Smith Goes to Washington* (1939), Engel wie in *Here Comes Mr. Jordan* (1941) oder Väter in Komödien wie *Four Daughters*.

Rains spielte oft und mit großer Begeisterung Bösewichter, doch wie die meisten Leute, die sich gerne böse geben, war Rains ein überaus kluger und charmanter Mann, der nur ein Problem hatte: Um seinen Hauptdarstellerinnen im Film in die Augen schauen zu können, mußte er seiner unterdurchschnittlichen Größe wegen auf eine Kiste klettern.

Claude Rains war zwar 1942 schon nicht mehr Vertragsschauspieler bei den Warner Brothers, sondern »freischaffend« in Hollywood tätig, aber er war noch immer ein besonderer Liebling von Jack Warner, vermutlich, weil *Four Daughters* zu den größten Kassenerfolgen der Warner-Geschichte zählte. Außerdem hatte Rains schon acht Filme mit Michael Curtiz sowie sechs mit Hal B. Wallis gedreht. Er lag sozusagen auf der Hand für die Rolle des Renault – sie war ihm auf Geist und Leib geschrieben.

Die Zwielichtigen: Claude Rains (r.) als Renault, und Conrad Veidt als Strasser. © Robert Fischer

Ein anderer Charakter, der Bösewicht des Stückes, Heinrich Strasser, der Nazi, wurde einem anderen Schauspieler ebenfalls auf den Leib geschrieben. Ursprünglich war die Rolle im Theaterstück für einen jungen, fanatischen Nazi geschrieben worden, doch Curtiz, der das Stück und die erste Drehbuchfassung der Epsteins kannte, plädierte für eine Überarbeitung der Figur: Für einen Bösewicht, fand er, sei diese Figur nicht gewichtig genug. Er schlug also vor, den Bösewicht – nun, wo Amerika tatsächlich gegen die Nazis Krieg führte – wirklich Bösewicht sein zu lassen und ihn deshalb älter, gefährlicher, durchtriebener und gebildeter sein zu lassen: ein intelligenter Bösewicht, kein dummer. Am 14. April schrieb Trilling an Wallis:

»Ich habe mich für Mittwoch (15. April), elf Uhr dreißig mit Otto Preminger verabredet – wir haben ihn für den Heinrich Strasser in Casablanca im Auge.«

Otto Preminger als Heinrich Strasser – keine schlechte Idee, zumal er doch irgendwie schon mit dieser Geschichte zu tun hatte ... Doch wirkte Preminger mit seiner Vollglatze und seinem mächtigen Äußeren vermutlich zu brutal für die etwas feinere Version des Nazi-Bösewichts, die Curtiz vorschwebte, und so fiel die Wahl schließlich auf Paul Henreids alten Londoner Protektor, auf Conrad Veidt.

Conrad Veidt stammte aus Deutschland und war den Hollywood-Bossen schon 1919 aufgefallen, als er in der Titelrolle von Robert Wienes Film *Das Kabinett des Doktor Caligari* einen triumphalen Erfolg feierte. Nachdem Veidt noch in anderen Stummfilmen seine Eleganz unter Beweis gestellt hatte (u. a. 1926 in *Der Student von Prag*, von Hendrik Galeen), ging er 1926 bis 1929 zum ersten Mal nach Hollywood, um dort die Endphase der Stummfilmzeit mitzuerleben. 1930 kehrte er nach Deutschland zurück, um die weitere Entwicklung des Tonfilms abzuwarten und um erneut Theater spielen zu können. Wegen der politischen Entwicklung im Deutschland jener Zeit entschloß sich Veidt aber schon 1933, nach London überzusiedeln, wo er dann vor allem Filme machte: *The Thief of Bagdad*, mit Michael Powell, sowie *Storm Over Asia* (1928). Veidt entwickelte sich schnell zu einem der profiliertesten und beliebtesten Schauspieler in England, doch 1940, nach Kriegsbeginn, wurde ihm die Lage zu bedrohlich. Mit einem Kontrakt von MGM ausgestattet, ging er zurück nach Hollywood, wo er in *A Woman's Face* (1940) an der Seite Joan Crawfords und in *Escape* (1941) mit Norma Shearer auftrat.

Veidt war genau das, was Curtiz sich vorgestellt hatte: Er sah gut aus, war gebildet und höflich, hatte vollendete Manieren, und doch verrieten die dunklen Augenbrauen und die stahlblauen, kalt wirkenden Augen eine große Durchsetzungkraft und eine immense Härte. Das einzige Problem für Wallis war: Veidt war bei der Konkurrenz, bei MGM. Doch was Curtiz und Wallis für richtig hielten, mußte sein – selbst zu einem exorbitanten Preis –, und so lieh Wallis Veidt aus, fünf Wochen lang für 5000 Dollar die Woche. Damit war Veidt der höchstdotierte Mitwirkende in *Casablanca*.

Doch dieses Geld sollte sich lohnen: Veidt verlieh, zusammen mit Claude Rains, dem Film den notwendigen authentischen Hintergrund, vor dem nun die fiktive Geschichte glaubwürdig ablaufen konnte. Er und Rains trugen ganz wesentlich dazu bei, daß *Casablanca* mehr wurde als nur ein weiterer, gewöhnlicher Hollywood-Film der Anti-Nazi-Welle.

Emigranten

Casablanca als letzter Zufluchtsort auf dem Weg in die Freiheit findet seine reale Entsprechung in Hollywood als Endstation vieler europäischer Künstler auf der Flucht vor dem Faschismus. Die Heimatlosen von Hollywood spielen die Heimatlosen von *Casablanca*. Die Realität kommt im Kino bedrohlich nahe, Fakten und Fiktion stimmen seltsam überein, heißt es in Hans C. Blumenbergs *Casablanca*-Feature, und das trifft den Nagel exakt auf den Kopf. Die Idee, fiktive Emigranten mit realen zu besetzen, war die vielleicht beste, die Wallis und Curtiz im Vorfeld der Produktion hatten. Man ist versucht, sie vor allem Curtiz zuzuschreiben, der das Emigranten-Dasein ja schließlich aus eigener Erfahrung kannte und wußte, welche Wahrhaftigkeit reale Not gespielter verleiht. In *Casablanca* gab es für Emigranten nun wahrhaft ausreichend Rollen: Die meisten waren zwar nur klein, doch in ihrer Gesamtheit machten sie die Atmosphäre von *Casablanca* aus.

Zunächst einmal kam Wallis auf die naheliegende Idee, einen Teil des Erfolgs von *The Maltese Falcon* einfach zu wiederholen: in der Besetzung. Schließlich spielte schon Bogart in *Casablanca*, da sollten sich doch auch für den dicken Sydney Greenstreet und seinen kleinen Sidekick Peter Lorre – beide ebenfalls Emigranten – kleine Rollen finden: Und so war es dann auch.

Sydney Greenstreet stammte aus dem englischen Kent und hatte eine der ungewöhnlichsten Filmkarrieren gemacht, die es je in Hollywood gegeben hat: Die längste Zeit seines Lebens hatte er auf Theaterbühnen verbracht und erst im Alter von 62 Jahren, eigentlich schon auf dem Altenteil, im *Maltese Falcon* als »fetter Mann« sein Kinodebüt gefeiert – mit außerordentlicher Präsenz und einer aalglatten Schmierigkeit. Wallis und das Publikum waren begeistert. Wallis wollte ihn unbedingt für seinen neuen Film, doch eigentlich gab es keine Rolle. Die einzige, die Howard Koch (dem zweiten Autor von *Casablanca*) und den Epsteins einfiel, war die des Señor Martinez, der im Originalstück nur einen einzigen Auftritt hatte. Doch Koch streckte die Rolle ein bißchen: Martinez wurde nun der König des Schwarzhandels in Casablanca, somit irgendwie in die Sache mit den Transitbriefen verwickelt, und außerdem Besitzer des einzigen anderen Etablissements am Ort, des »Blue Parrot«. Nachdem die Epsteins schon Rinaldos Name in eine Automarke verändert hatten (Renault), taten sie mit Martinez dasselbe: Er wurde zu Ferrari. Das reichte offensichtlich, um Greenstreet die Rolle anzubieten.

Ugarte, der gefallene Engel, mit einem schattenhaften
Heiligenschein: Peter Lorre. © Bildarchiv Engelmeier

Mit Greenstreet holte man natürlich auch Peter Lorre. Sie-
benmal sollten die beiden in den folgenden Jahren noch zu-
sammenspielen. Für Lorre fand sich ebenfalls eine kleine, aber
ansprechende Rolle: Er sollte den Ugarte spielen, jenen kleinen
Dieb, der mit dem Diebstahl der Transitbriefe einen etwas zu
großen Coup landet, der ihn schließlich sogar das Leben ko-
stet. Der Ugarte war für Lorre eine willkommene Abwechslung

von seinem Image als Bösewicht und als chinesischer Detektiv Mr. Moto, auf die er in den USA (aufgrund seiner *M*-Vergangenheit) festgelegt worden war. Endlich konnte Lorre wieder einen Menschen spielen, kein grimassierendes Abziehbild.

Auch Lorre war Emigrant: 1904 als Ladislav Loewenstein im damaligen Österreich-Ungarn geboren, war er als Jude 1933 aus Deutschland geflohen. Dort war Lorre, dank seiner überragenden Leistung in Fritz Langs *M* (1931) ein Star gewesen, hatte im Theater und auch im Kino große Erfolge gefeiert. Anfänglich sah es so aus, als würde er seinen Erfolg auch in Amerika fortsetzen können – nach zwei Filmen mit Hitchcock wurde er bei seiner Ankunft in den USA hoch gehandelt. Doch dann wußte die auf Typen-Besetzung spezialisierte Filmindustrie Hollywoods – in Lorres Fall Columbia – nicht so richtig, was man mit einem Typen wie Lorre anfangen sollte, außer ihn weiterhin Bösewichter und seltsame Spinner spielen zu lassen. Lorre geriet auf die B-Picture-Schiene und versuchte verzweifelt, sich davon wieder zu befreien. *Casablanca* war sein zweiter Versuch, bei Warner Brothers eine gute Rolle zu spielen, und er sollte gelingen. Nach *Casablanca* bot ihm das Studio einen Siebenjahresvertrag bei einem Wochenlohn von 1750 Dollar an. Lorre nahm an. Aber auch mit Warner sollte er, nach einem vielversprechenden Beginn – nicht sonderlich glücklich werden.

Greenstreet und Lorre waren nur die beiden populärsten Beispiele für die von Wallis und Curtiz vorgenommene Emigrantenbesetzung. Sie waren Teil der Strategie, mit großen Namen das Publikum zu beeindrucken und ins Kino zu locken. Die eigentliche Arbeit kam aber jetzt erst: Für all jene Randfiguren in *Casablanca*, die nur einen oder zwei Auftritte haben und dennoch für Atmosphäre und Duktus des Films unumgänglich sind, mußten Gesichter gefunden werden: Schauspieler aus Europa, die aufgrund ihres Akzents oder ihres Alters sonst nur schwer Rollen fanden.

Ganz so unbekannt durften die Gesichter natürlich auch

nicht sein, befand der vorsichtige Wallis. Der Zuschauer mußte zwar nicht die Namen der Kleindarsteller kennen, aber er sollte sich wenigstens an ihr Gesicht erinnern. Und so machten sich Wallis, Steve Trilling und das Casting-department von Warner auf die Suche – und wurden fündig: Aus Deutschland brachten sie Curt Bois und Ilka Grüning, aus Österreich Helmut Dantine und Ludwig Stössel, aus Ungarn Szöke Sakall, aus Rußland Leonid Kinskey, aus Frankreich Marcel Dalio, Madeleine Le Beau und Charles La Torre, aus Kanada John Qualen und aus Italien den ehemaligen Opernsänger Frank Puglia. Außer Humphrey Bogart und Dooley Wilson waren nur drei weitere Schauspieler geborene Amerikaner: Dan Seymour, Joy Page und Corinne Mura.

Allerdings sollten die Emigranten nun nicht immer ihre jeweilige Nationalität spielen – das war altes Hollywood-Gesetz. Jeder mußte spielen, wonach er aussah. Folglich spielte der Italiener Puglia keinen Italiener, sondern einen Araber, ebenso der Amerikaner Dan Seymour, der Kanadier John Qualen einen Norweger, der Deutsche Curt Bois einen italienisch aussehenden Taschendieb, der Franzose La Torre einen italienischen Offizier, der Engländer Greenstreet einen Italiener mit spanischem »Señor« davor und die Amerikanerin Joy Page eine Bulgarin. Doch das tat der Sache keinen Abbruch: Hauptsache Emigrant, mögen Curtiz und Wallis gedacht haben, der Rest findet sich von selbst. Und so war es tatsächlich, denn das Gefühl, ein Fremder in einem fremden Land zu sein, ist an einem Platz wie Casablanca (= Hollywood) offensichtlich für alle gleich.

Und fremd waren sie wirklich alle: Da war Curt Bois, der bis Kriegsbeginn noch, ebenso wie Lorre, Theaterstar in Berlin gewesen war und sich nun in Hollywood eher schlecht als recht durchschlug. Er durfte in *Casablanca* gerade in zwei Szenen auftauchen – als gerissener und eleganter Taschendieb.

Dann war da Marcel Dalio, ein französischer Jude, der eigentlich Marcel Blauschitz hieß und noch 1939 in Jean Renoirs *La*

Eine Ansammlung verschiedenster Nationalitäten: Der Deutsche Curt Bois bestiehlt den Amerikaner Monte Blue, der russische Barkeeper Leonid Kinskey schaut zu. © Deutsche Kinemathek

Règle du Jeu eine Hauptrolle gespielt hatte. Er stellte nun den Croupier in Rick's Café dar, hatte wenig zu sagen und war kaum zu sehen – und war doch unvergeßlich.

Dalio traf in *Casablanca* auf seine ehemalige Frau, Madeleine Le Beau, die ebenfalls in *Casablanca* gestrandet war. Sie ging – als Yvonne – gelegentlich mit Rick ins Bett und brach – als Madeleine – beim Drehen und Singen der »Marseillaise« in Tränen aus.

Dann war da noch Helmut Dantine (als Jan Brandel), ein junger Österreicher, der an der Seite von Greer Garson in *Mrs. Miniver* (1942) in einer kleinen Rolle als abgeschossener deutscher Flieger relatives Aufsehen erregt hatte und später noch

Rick, der gute Mensch von Casablanca: Bogart hilft Helmut Dantine und Joy Page aus der Klemme . . . © Deutsche Kinemathek

einmal mit Humphrey Bogart in *Passage to Marseille* (1944) auftreten sollte.

Nicht vergessen wollen wir natürlich auch Leonid Kinskey, einen gebürtigen Russen aus St. Petersburg. Mit seinem kantigen Gesicht wird er den meisten Kinobesuchern als Barmann Sascha wohl immer in Erinnerung bleiben. Er hatte 1932 in Ernst Lubitschs Komödie *Trouble in Paradise* sein US-Debüt gefeiert und war danach regelmäßig beschäftigt, immer in kleinen Rollen, oft aber in großen Filmen, so in *Duck Soup* (1933), mit den Marx Brothers, oder in *Les Miserables* (Richard Boleslawski, 1935) als Genflou.

Ein anderer künftiger Vertragsschauspieler von Warner war Szöke Sakall, der seinen unaussprechlichen Vornamen in die Initialen S. Z. umgewandelt hatte. Sakall hatte in Europa vor allem Theater gespielt, vornehmlich in Ungarn, später auch in Deutschland, wo er es als Komiker sogar zu Auftritten in Max Reinhardts Deutschem Schauspielhaus gebracht hatte. Hitlers Regime hatte auch ihn in die Flucht getrieben, und so war er über England nach Hollywood gekommen – ohne englische Sprachkenntnisse (und darin seinem Regisseur Curtiz sehr ähnlich). Seine erste Rolle (1940 in dem Deanna-Durbin-Vehikel

. . . und muß sich sofort eines russischen Bruderkusses erwehren! Leonid Kinskey und Bogart, Szöke Sakall schaut grinsend zu.
© Deutsche Kinemathek

It's a Date) mußte er noch phonetisch auswendig lernen, und auch sein erster großer Erfolg – 1941 neben Barbara Stanwyck in *Ball of Fire* – war eine phonetische Darbietung. Doch Sakall hatte Glück: Er war der Großvater par excellence, und außerdem hatten Wallis und Curtiz einen besonderen Gefallen an ihm gefunden. Nicht umsonst zwang Wallis seinen Autor Howard Koch, ihm für Sakall eine Rolle in *Casablanca* zu schreiben. Wallis, der offensichtlich Bedenken hatte, die Geschichte könnte alles in allem zu schwer werden, wollte durch Sakall ein wenig mehr komödiantischen Touch in seinen Film bringen – mit Erfolg. Sakall wurde durch *Casablanca* und ähnliche großväterliche Rollen in den vierziger Jahren dann so populär, daß er seinen Namen noch einmal ändern mußte: Von nun an war er S. Z. »Cuddles« Sakall.

Sie alle brachten ihre eigene Geschichte in *Casablanca* ein, ihre eigenen kleinen und großen Tragödien, ihre Gefühle und Tränen, ihr Leben und ihre Sprache. Sie alle machten aus *Casablanca* mehr, als Murray Burnett und Joan Alison jemals zu hoffen gewagt hatten – geträumt hatten sie es zweifelsohne. Und so – oder so ähnlich – hat es Murray während seines Aufenthalts in Frankreich sicher auch gesehen. Nur: Daß in einem sterilen Hollywood-Studio, weitab von Krieg und Verfolgung, jene Gefühle so eindringlich noch einmal nachempfunden werden konnten, das ist und bleibt eines jener kleinen Wunder, die *Casablanca* zu jenem sentimentalen Meisterwerk gemacht haben, das es geworden ist. Ein Hauptproblem aber stand Wallis und Curtiz noch bevor: Es gab noch immer kein fertiges Drehbuch. Aber hatte nicht auch Selznick *Gone with the Wind* ohne fertiges Drehbuch begonnen, dachte sich Wallis. Das wäre doch ein gutes Omen . . .

Ein bißchen mulmig aber war es ihm und Michael Curtiz dann doch.

Viele Köche verderben den Brei?

Der ursprüngliche Drehbeginn der Hal-B.-Wallis-Produktion *Casablanca* war auf den 10. April 1942 festgelegt worden. Das aber hatte sich als zu optimistisch erwiesen, denn die meisten Darsteller waren zu diesem Zeitpunkt noch nicht engagiert respektive verfügbar. Außerdem war das Drehbuch der Gebrüder Epstein noch längst nicht zufriedenstellend.

Vor allem Bogart hatte noch einiges auszusetzen: Rick sei zu kalt, zu unfreundlich und zu selbstmitleidig, fand er, und außerdem müsse man etwas über seine Vergangenheit erfahren, um ihn wirklich zu verstehen. Curtiz sah das genauso, deshalb sollten die Epsteins Anfang April eine zweite Version ihres Scripts erarbeiten. Das Problem war nur, daß sie eigentlich keine Zeit hatten und dringend in Washington zur Fortsetzung der Arbeit an *Why We Fight* erwartet wurden. Die Wahrscheinlichkeit, ein fertiges Drehbuch zum ursprünglich festgelegten Drehbeginn zu bekommen, war eher gering. Also verschoben Wallis und Curtiz den Drehbeginn auf den 25. Mai, den sie nun unbedingt einhalten wollten, da jede weitere Verschiebung nun, nach Verpflichtung der meisten Schauspieler, eine tägliche Vergeudung von Produktionsgeldern in Höhe von etwa 15 000 Dollar bedeutet hätte.

Um wirklich sicherzugehen, daß das Drehbuch fertiggestellt werden würde, heuerte Hal Wallis am 6. April noch einen Autor an: den damals erst 27jährigen Howard Koch, der sich mit der Radio-Sensation »War of the Worlds« einige Jahre zuvor einen Namen gemacht hatte. »War of the Worlds« war die fiktive Reportage eines Angriffs von Marsmenschen auf die Erde, die, von Orson Welles inszeniert, so realistisch gewirkt haben muß, daß die Menschen aus den Häusern auf die Straßen liefen und sich gebärdeten, als habe ihre letzte Stunde geschlagen. Koch hatte dann für Warner die Drehbücher zu *The Sea Hawk* und *The Letter* geschrieben und galt als hoffnungsvoller Nachwuchsautor. Wallis versprach sich einiges von der Zusammenarbeit der beiden Brüder mit diesem Jung-Talent. Doch die sollte sich als schwierig erweisen. Denn während Koch sich bemühte, der Geschichte eine funktionierende Struktur zu geben, erfanden die Epsteins vor allem komödiantische Szenen.

Koch fand das zwar sehr lustig, doch hatte er Bedenken, ob diese Szenen sich in eine eigentlich dramatische Geschichte integrieren ließen. Die Epsteins sahen das wohl ähnlich. Außerdem hatten sie das Gefühl, mit ihrer ersten Fassung (vom 2. April) genug zu diesem Film beigetragen zu haben, und so saß Koch eines Tages allein da; die Epsteins hatten sich – unter Berufung auf ihren Propaganda-Job – elegant zurückgezogen. Koch saß vor einem halbfertigen Drehbuch – und wußte nicht weiter. Also begann er, wohl unter Mithilfe von Albert Maltz, einem Autor, der später auf McCarthys »schwarzer Liste« landen sollte, von vorne.

Zunächst ging es vor allem darum, den Figuren die endgültige Form zu geben. Koch, der jede Änderung mit Curtiz und Wallis absprach, hatte die Idee, Ricks Charakter zusätzlich zu mystifizieren, indem er ihm solche Dinge wie »kämpfte auf der Seite der antifaschistischen Loyalisten in Spanien« und »verschiffte Gewehre nach Äthiopien« (für den Kampf gegen das faschistische Italien) zuordnete.

Umstritten war zwischen Koch und Curtiz die romantische Seite der Geschichte, vor allem die Rückblenden nach Paris: Koch fürchtete nämlich, daß eine Rückblende den dramatischen Bogen der Geschichte unterbrechen würde, Curtiz hingegen wollte die Rückblenden, um eine andere Seite der Charaktere zu zeigen. Die Geschichte, ihr dramatischer Aufbau, war ihm dabei relativ egal, ihm ging es vor allem um die visuelle Seite. Dramaturgie besorgten bei ihm andere, so erinnerten sich zumindest die Epsteins ähnlicher Story-Konferenzen in seinem Haus: »Wir alle wußten natürlich, daß Mike in der Nacht vor den Story-Konferenzen seine Anweisung von seiner Frau, Bess Meredyth, erhielt, die eine der großen Drehbuchautorinnen der Stummfilmzeit gewesen war. Am nächsten Tag kam er dann zu uns und erzählte uns, was Bess gesagt hatte. Nur manchmal hatte er vergessen, was er sagen sollte!« Auch Casey Robinson, der ebenfalls mit dem *Casablanca*-Script in Berührung kam, erzählt: »Mike hatte überhaupt keine Ahnung von Storys. Mit ihm über eine Story zu reden, war absolut hoffnungslos. Das war auch der Grund, warum er nicht mit Autoren zurechtkam – man konnte einfach nicht mit ihm reden! Er hatte nicht den blassesten Schimmer, was man eigentlich meinte. Er sah alles in Bildern, und ein anderer mußte ihn mit Storys beliefern!«

Irgendwann kam Koch wohl auch zu dieser Erkenntnis und versuchte sich allein an der Arbeit, an seinem Schreibtisch in den Warner-Studios, neben dreißig anderen Autoren, die dreißig andere Filme zur selben Zeit schrieben und entwickelten. »Ich sah das Abgabedatum langsam auf mich zukriechen und verfiel in eine Art paralytische Starre. Ich erinnere mich daran«, so berichtete er später, »daß ich in meinem Eckzimmer im Writer's Building saß und einen ganzen Tag lang aus dem Fenster starrte, auf eine gelb blühende Akazie, in der eine singende Nachtigall saß.«

Kein Wunder, daß Koch bei solchen Aussichten seine Schreibhemmung schließlich überwand und damit begann, auf der Grundlage der Epsteinschen Szenen ein ganz neues Buch zu schreiben. Er versuchte zunächst, die Grundatmosphäre mit vielen kleinen Szenen zu beschreiben, so wie es sich Curtiz gewünscht hatte, um dann die Aktion mit Ugarte zu beginnen. Danach, so erläuterte Koch, habe er sich die einzelnen Schauspieler und deren Rollen in der Geschichte vorgenommen. Über Peter Lorre habe er den Handlungsfaden aufgenommen, weil der mit seinem runden Babygesicht und seinen großen, hervorstehenden Augen seine Unehrlichkeit so gut mit selbstironischer Unschuld kaschieren könne.

Während Koch die neue Fassung von *Casablanca* schrieb, hatte Wallis noch immer – ohne Kochs Wissen – Kontakt zu den Epsteins, die ihm dann am 6. Mai eine eigene Fassung des zweiten Akts schickten.

Koch war darüber höchst verärgert und schrieb an Wallis:

»Lieber Hal, obwohl das Script der Epsteins der neuen Linie generell folgt, denke ich, daß es in einer radikal anderen Grundhaltung geschrieben ist als das, was ich gerade als neue erste Hälfte des Filmes geschrieben habe. Sie sehen die Situationen offensichtlich mehr im Hinblick auf ihre komischen Möglichkeiten, während ich meine Anstrengungen darauf konzentriert habe, die Charaktere logisch aufzubauen und ein seriöses Melodram mit Bezug zur heutigen Zeit zu kreieren. Humor habe ich dabei eher als gelegentliche Auflockerung von der dramatischen Spannung benützt.«

Weiter ließ Koch durchblicken, daß er nicht um jeden Preis *Casablanca* weiterschreiben müsse.

Doch irgendwie gelang es Wallis, ihn trotz seiner Erregung bei der Stange zu halten und ihm zu versichern, daß natürlich alle hinter ihm stünden und daß alles nur ein großes Mißverständnis sei . . . Halbwegs besänftigt schrieb Koch weiter – und die Epsteins in Washington auch.

Wallis, inzwischen wohl auch nervös, erhöhte die Konfusion um die Autoren noch, indem er zwei weitere dazuholte: Lenore Coffee und vor allem den schon erwähnten Casey Robinson. Der war schon ganz zu Beginn der *Casablanca*-Geschichte um seinen Rat gefragt worden und hat später immer behauptet, er sei es gewesen, der das Stück als erster gelesen, es für gut befunden und Wallis zum Kauf geraten habe.

Robinson war ein hochkarätiger Warner-Autor: Er hatte 1935 mit *Captain Blood* begonnen und war mit *Dark Victory, King's Row* (1941) und *Now, Voyager* zu Hochform aufgelaufen. Alle seine Drehbücher hatte er ohne Co-Autoren geschrieben – der Hauptgrund, warum er später nicht im Vorspann von *Casablanca* auftauchen sollte. Robinson begutachtete das inzwischen auf vierzig Seiten angewachsene Koch/Epstein-Drehbuch und schrieb am 20. Mai 1942 ein langes Memo dazu, in dem er einige hervorragende Ideen entwickelte, die *Casablanca* stark beeinflussen sollten . . .

»Nach wie vor bin ich bei Casablanca *der Ansicht, daß das Melodram sehr gut gelungen, der Humor exzellent, aber die Liebesgeschichte schwach ist. Deshalb befassen sich meine Kommentare fast ausschließlich mit ihr . . .«*

Die erste gute Idee von Casey Robinson: Ingrid Bergman schwebt wie ein Todesengel in Bogie's nächtliche Bar. © Inter-Topics

Robinson schlug vor, das erste heimliche Treffen von Ilsa und Rick im nächtlichen Café stattfinden und es von Ricks Zynismus dominieren zu lassen, so daß eine Verständigung zwischen ihnen unmöglich ist. Dies war eine hervorragende Idee – denn wer erinnert sich nicht an Ingrid Bergman, wie sie in ihrem weißen Kleid nachts wie ein Engel in Rick's Café schwebt! Robinson skizzierte dann ihre zweite Begegnung: die, in der Ilsa Rick erklärt, warum sie damals nicht mit ihm fortgegangen sei, warum sie ihn dennoch liebe, aber ihren Mann – und das ist die entscheidende neue Information in dieser Szene – nicht verlassen könne. Robinson dachte sich auch die folgende Konfrontation zwischen Rick und Victor Laszlo aus, in der Rick glaubt, er sei von Ilsa zum Narren gehalten und benutzt worden:

»Wenn es irgend etwas gibt, was Rick überhaupt nicht mag, dann ist es, ein Trottel zu sein!«

schrieb Robinson in seinem Memo. Rick verweigert daraufhin Laszlo seine Hilfe:

»Als Laszlo wissen will, warum, sagt er einfach: ›Fragen Sie Ihre Frau!‹ Nun hat dieses Gespräch auch mehr Substanz . . .«

Damit hatte Robinson mit wenigen Ideen eine Spannung aufgebaut, die zu einer der entscheidenden Szenen führen sollte:

»Ilsa kommt wegen der Visa. Sie versucht hart zu sein. Sie kann es nicht. Sie bricht zusammen. Sie sagt Rick, daß sie ihn liebe und alles tun werde, was er wolle. Sie werde überall hingehen, hierbleiben, was auch immer. Sie ist völlig hilflos in ihrer leidenschaftlichen Liebe zu ihm. Sie wird Victor verlassen. Rick kann ihn aus Casablanca herausbringen. Sie weiß, daß sie sich falsch verhält, sie sagt es sogar selbst. Sie weiß, daß dies auf gewisse Weise eine Vergewaltigung all ihrer hohen Ideale und ihrer Natur ist. Sie weiß, daß sie verhext worden ist, aber sie kann nichts dagegen tun. Dies ist eine große Szene für eine Frau . . .«

Mit wenigen Sätzen hat Robinson hier das Dilemma von Ilsa

Die zweite gute Idee: die Zuspitzung der Konfrontation zwischen Rick und Victor Laszlo. Bogart und Paul Henreid.
© Süddeutscher Verlag

erfaßt – und er hat in der Folge sogar noch eine entscheidende Idee (seien wir ehrlich, Murray Burnett und Joan Alison hatten sie so ähnlich auch schon) für den Schluß.

»Nun sind wir bestens auf eine erstklassige Wende vorbereitet, wenn Rick sie mit Victor im Flugzeug wegschickt. Und indem er das tut, löst er nicht nur diese Dreiecksgeschichte, sondern er zwingt das Mädchen auch, ihre idealistische Natur auszuleben, mit einer Arbeit fortzufahren, die in diesen Tagen weit wichtiger ist als die Liebe zweier kleiner Menschen. Darüber werden beide froh sein, wenn der Schmerz vorüber ist . . .«

Da ist es – das Ende. Wenigstens in Ansätzen. Unverständlich, daß sowohl Koch als auch die Epsteins noch danach suchen mußten. Unverständlich auch, daß Paul Henreid später behaupten wird, Albert Maltz und Howard Koch hätten ihm dieses überzeugende Ende schon bei seiner ersten Besprechung mit Hal Wallis erzählt und vorgespielt. Er habe danach seinen Agenten Lew Wassermann angewiesen, im Vertrag ja darauf zu achten, daß dieses Ende – die Bergman geht mit Henreid fort und nicht mit Bogart – schriftlich festgehalten würde. Ob man ein Ende einfach vergessen kann? Auf jeden Fall sollte noch viel Zeit vergehen, bis alle mit diesem Drehbuch glücklich und zufrieden sein sollten.

Die Besetzung ist perfekt: Und jeder schaut schon so, wie's seine Rolle verlangt. Bogart, Claude Rains, Ingrid Bergman und Paul Henreid (v.l.). © Bildarchiv Engelmeier

Am 25. Mai 1942, exakt um neun Uhr morgens, versammelten sich Crew und Regisseur zum erstenmal in den Warner Studios in Burbank, Kalifornien, um mit den Dreharbeiten des Warner-Films Nummer 410, betitelt *Casablanca*, zu beginnen.

Bis zu jenem Zeitpunkt hatte Howard Koch zwar am 21. Mai eine erste Version des kompletten Drehbuches abgegeben – doch die war nicht mehr als eine zusammengestückelte Fassung aus seinen neuen zwei Dritteln und dem alten Schluß der Epsteins. Koch hatte, nach eigenen Angaben, gerade einmal 65 Seiten des Drehbuches fertiggestellt, also knapp zwei Drittel, und Wallis und Curtiz wußten noch immer nicht genau, wie die Geschichte nun eigentlich zu Ende gehen würde. Koch und die Epsteins wußten es im übrigen auch nicht. Dennoch scheint das weitverbreitete Gerücht, aus diesem Grund sei *Casablanca* ungewöhnlicherweise chronologisch gedreht worden, falsch zu sein. Laut der Tagesberichte des Aufnahmeleiters Alleborn wurde auch *Casablanca* – wie fast alle anderen Filme jener Zeit – in nicht-chronologischer Folge gedreht.

Insgesamt war *Casablanca* – verglichen mit vielen anderen Warner-Produktionen jener Zeit – auch ein eher billiger Film: kein B-Picture, wie oft fälschlicherweise behauptet worden ist, sondern ein kostengünstiges A-Picture mit einem geplanten Gesamtbudget von 878 000 Dollar. Dazu gehörten, als einzelne Posten, die Schauspielergagen mit 69 000 Dollar für die vier Vertragsschauspieler von Warner sowie 91 000 Dollar für die ausgeliehenen Stars. Die höchste Wochengage erhielt Conrad Veidt als Major Strasser, der wöchentlich 5000 Dollar kostete. Humphrey Bogart – bei Warner unter Vertrag – erhielt für siebeneinhalb Wochen Drehzeit 36 667 Dollar, Paul Henreid und Ingrid Bergman bekamen je 25 000 Dollar und Claude Rains für fünfeinhalb Wochen 22 000 Dollar.

Die einzigen Schauspieler, die neben den Hauptdarstellern noch wirklich Geld kosteten, waren »Ferrari« Sydney Greenstreet mit 7500 Dollar für zwei Wochen, »Ugarte« Peter Lorre mit 1750 Dollar wöchentlich sowie, überraschenderweise, »der Taschendieb« Curt Bois, der immerhin noch tausend Dollar die Woche erhielt. Alle anderen Kleindarsteller und Extras verdienten zwischen 500 und 75 Dollar – wobei einzig und allein Charles La Torre diese kärgliche Summe ausgezahlt bekam.

Die verschiedenen Drehbuchautoren und Script-Berater – es waren nun insgesamt sieben, die bezahlt werden wollten – kosteten alles in allem 47 281 Dollar, der Regisseur mit 73 400 nahezu das Doppelte. Hal Wallis selbst genehmigte sich 52 000 Dollar – eine relativ bescheidene Summe, vergleicht man sie mit dem Salär seines Chefs Jack Warner. Den Rest des Gesamtetats verschlang der technische Bereich des Films, wobei allein 223 822 Dollar zur Absicherung für eine eventuelle Überziehung der Drehzeit eingeplant waren.

Vergleicht man dieses Budget mit anderen Warner-Budgets jener Zeit, so fällt auf, wie moderat es war: Big-budget-Filme begannen erst bei einer Million Dollar, so wie z. B. *They Died with Their Boots On* (1,357 Millionen), *The Sea Wolf* (1,013 Millionen) oder *King's Row* (1,081 Millionen). Normal waren Summen in der Größenordnung von *Casablanca* – und ein Film wie *The Maltese Falcon* fiel mit nur 375 000 Dollar wirklich aus dem Rahmen.

Einer der Gründe für Einsparungen war bei einem so großen Studio wie Warner natürlich die Möglichkeit der Doppelnutzung von Sets, Kostümen und Bühnenbildern. So war es auch bei *Casablanca*: Neben Rick's Café, das in Halle acht (und teilweise neun) komplett neu gebaut werden mußte, konnten andere Sets aus früheren Filmen problemlos für diesen neuen Film adaptiert werden. Verschiedene Straßen und einige andere Räume (das Hotelzimmer von Victor und Ilsa, das Büro von Capitaine Renault) lieferte ein Film mit dem Titel *The Desert Song* (Robert Florey, 1942), der nahezu gleichzeitig mit *Casablanca* gedreht wurde. Den Bahnhof, auf dem Rick in Paris vergeblich auf Ilsa wartet, lieh man sich vom ersten großen Hal-Wallis-Erfolg, *Now, Voyager,* und auch die Paris-Szenen von Ilsa und Rick wurden in den Relikten eines anderen, vergessenen Warner-Films gedreht, die der Set-Designer George James Hopkins für ihren neuen Einsatz ein wenig umarrangiert hatte.

Diese Einsparungen waren ein entscheidender Grund dafür, daß das Gesamtbudget klein gehalten werden konnte. Hinzu kam, daß bis auf eine einzige Szene (die Ankunft von Major Strasser, die auf dem alten Metropolitan Airport in Van Nuys gedreht wurde) der komplette Film innerhalb der Warner-Studios gedreht werden konnte: Teure Motivablösen, schwierige Dreharbeiten unter schlechten äußeren Bedingungen und aufwendige Lichtinstallationen konnten auf diese Weise ebenfalls vermieden werden. Selbst die Schlußszene von *Casablanca,* die nebelverhangene Flughafenszene, sollte später im Studio (in Halle eins) gedreht werden.

Wichtig war bei einer solchen Arbeitsweise natürlich, daß die alten Dekorationsteile von einem Zuschauer, der möglicherweise ja beide Filme sehen würde, nicht als solche erkannt wurden. Um dies zu verhindern, hatte Wallis auch bei der Zusammenstellung des übrigen künstlerisch-technischen Teams höchste Ansprüche gestellt und sich bemüht, nur die besten Warner-Mitarbeiter zu verpflichten: Als Co-Produzenten hatte er Jerry Wald benannt, der später selbst einer der großen Hollywood-Produzenten werden sollte, als Ausstatter (Filmarchitektur/Bauten) hatte er sich den deutschen Emigranten Carl Jules Weyl geholt, der schon 1938 mit seinen Sets für den Michael-Curtiz-Film *Robin Hood* einen Oscar gewonnen und erst kurz vor *Casablanca* einen weiteren großen Erfolg mit *Yankee Doodle Dandy* errungen hatte.

Michael Curtiz' bevorzugter Kameramann war zwar Sol Polito, doch Kameramann von *Casablanca* wurde auf Wallis' speziellen Wunsch Arthur Edeson, der schon *The Maltese Falcon* mit Bogart sowie Bogarts letzten Film, *Across the Pacific,* photographiert hatte und ihn gut aussehen hatte lassen. Damit auch seine Hauptdarstellerin, Ingrid Bergman, gut aussehen würde, engagierte Wallis den Top-Maskenbildner der damaligen Zeit, Perc Westmore, als »Make-up-Supervisor« sowie den Designer Orry-Kelly für die Kostüme. Don Siegel, der später ebenfalls ein berühmter Regisseur werden sollte *(Dirty Harry),* wurde mit James Leicester verpflichtet, um die kriegerischen Zwischenmontagen von *Casablanca* herzustellen, und auch einen fachlichen Berater für alle Armee- und Kriegsfragen gab es: Der französische Major Robert Aisner wurde vom Washingtoner Kriegsministerium nach Hollywood geholt, um deutsche, französische und italienische Grußformen sowie die richtige Handhabung von Waffen zu beaufsichtigen.

Schließlich verpflichtete Wallis noch den berühmtesten Warner-Filmmusiker jener Zeit, Max Steiner. Er hatte sich gerade durch die Musik zu *Gone with the Wind* unsterblich gemacht. Ein weiterer deutscher Emigrant, Hugo Friedhofer, wurde für die Orchestrierungen engagiert und das Team Moe Jerome und Jack Scholl komponierten drei weitere Musiknummern für Dooley Wilson, die ihm die Chance gaben, neben »As Time Goes By«, noch andere hitverdächtige Songs zu singen. Auch für zwei weitere Songs, »Shine« und »It Had to Be You« erwarb Wallis die Musikrechte.

Alle Vorbereitungen waren am 25. Mai 1942 abgeschlossen, und Crew und Schauspieler warteten auf den Beginn der Arbeit. Für die meisten von ihnen war *Casablanca* ein ganz gewöhnlicher Film – einer von vielen, die sie schon gedreht hatten und in der Zukunft noch zu drehen hofften. Erstes Motiv sollten die Straßen von Paris sein, erste Szenen die, in denen die Vergangenheit von Rick und Ilsa eingeführt wird. Humphrey Bogart, Ingrid Bergman und Dooley Wilson waren anwesend, um ihre ersten Auftritte zu absolvieren. Howard Koch saß, ungewöhnlich früh am Morgen für einen Autor, um die Ecke vom Studio schon wieder an seinem Schreibtisch und versuchte, weitere Ideen für *Casablanca* zu kreieren. Michael Curtiz federte energiegeladen in seinen Reithosen wie ein General durchs Studio, wie bei all seinen Filmen ein von der ersten Sekunde an arbeitsbesessener Regisseur.

Alles war bereit für einen kleinen großen Film, als Michael Curtiz zum erstenmal das magische Wort »action« rief – die Legende konnte beginnen, der Mythos nahm seinen Anfang: *Casablanca* wurde geboren.

Sechs Personen suchen eine Geschichte

Von einer magischen Atmosphäre aber war bei den Dreharbeiten von *Casablanca* von Anfang an nichts zu spüren. Die tägliche Kleinarbeit bestimmte auch diese Produktion, mit all den Problemen und Schwierigkeiten, die beim Filmemachen entstehen. Hal Wallis hatte ein Auge auf die täglichen Realitäten und schickte auch weiterhin seine Memos durch das Studio.

Arbeitsatmosphäre: Die Rivalen Henreid und Bogart spielen Schach, Michael Curtiz schaut zu. © Inter-Topics

Schon am zweiten Drehtag erwartete den Kameramann Arthur Edeson eines jener wortreichen Exemplare:

»Ich will erst gar nicht über deine Bemühungen des ersten Tages meckern, denn ich weiß, daß du hart arbeitest und mir eine erstklassige Leistung abliefern willst.

Dennoch muß ich bemerken, daß der gestrige Lichtaufbau außerordentlich lang gedauert hat. Natürlich will auch ich, daß dieser Film wunderbar photographiert wird, doch warst du bei all unseren Sitzungen anwesend und weißt somit Bescheid über die kriegsbedingten Einschränkungen und die Notwendigkeit, Geld und Material zu sparen. Ich muß dich deshalb bitten, im Notfall ein wenig Qualität zugunsten einer kürzeren Zeit für den Lichtaufbau zu opfern. Denn falls wir weiterhin so langsam sind wie gestern, werden wir unser Zeit- und Geldlimit bei weitem überschreiten – und das darf nicht passieren.

Ich rechne mit deiner Mitarbeit.«

Wahrlich kein außergewöhnlicher Vorgang – das einzig Besondere daran war höchstens die neue Begründung, die Wallis sich für das Sparen ausgedacht hatte: kriegsbedingte Notwendigkeiten! In der Folgezeit – Edeson wurde ab dem zweiten Drehtag schneller und Wallis hatte von nun an keinen Grund mehr zum Klagen – war das einzig Außergewöhnliche an *Casablanca*, daß es kein fertiges Drehbuch gab. Statt dessen flatterten jeden Morgen, zumindest bis zum 5. Juni 1942, frisch aus Howard Kochs Büro neue Szenen auf die Schminktische der Schauspieler, Szenen, die ihnen verrieten, wie sich ihr Charakter in der Folgezeit entwickeln würde.

Dieser Mangel an Perspektive machte sich für die Schauspieler jedoch auch negativ bemerkbar. Ingrid Bergman hat darüber erzählt: »Ich wußte nie, was wir am nächsten Tag drehen würden. Manchmal war ich deswegen ziemlich sauer.« Ingrid Bergmans Hauptproblem war die Tatsache, daß sie bis zuletzt nicht wußte, mit welchem der beiden Männer – Rick oder Laszlo – sie nun eigentlich am Ende davongehen würde. »Ich fragte die Autoren: ›Nun, bei welchem von den beiden Männern werde ich denn am Ende bleiben?‹ Und sie sagten: ›Das haben wir noch nicht entschieden, vermutlich müssen wir beide Versionen drehen.‹ ›Aber das ist völlig unmöglich‹, war meine entsetzte Antwort, ›denn für mich ist es schauspielerisch schon von Bedeutung, ob ich den einen Mann liebe und für den anderen nur Zuneigung und Mitleid empfinde.‹ ›Tja‹, meinten sie nur, ›am besten, du gibst an keiner Stelle zuviel. Spiel es irgendwie dazwischen, weißt du, so, daß wir es immer noch am Ende entscheiden können.‹ Was ich dann einfach auch tat – ich hatte ja sowieso keine andere Möglichkeit.«

Auch Humphrey Bogart soll unter dieser Unentschlossenheit gelitten haben, zumal er sowieso nicht gerade in allerbester Laune am Set erschienen war. Zwar gefiel ihm das, was er da spielen sollte (sofern er es schon kannte), noch immer sehr gut – vor allem sein erster Auftritt. Der war so sorgfältig von allen anderen Personen vorbereitet, daß er ihm eine mystische Aura verlieh, wie er sie in einem Film noch nie gehabt hatte. Doch privat hatte Bogie zu dieser Zeit gerade erhebliche Probleme: Mayo Method, seine dritte Frau, war eifersüchtig auf Ingrid Bergman, zudem psychisch angeschlagen, trank und machte Bogie das Leben zur Hölle. Nachts, im Vollrausch, versuchte sie immer wieder ihn umzubringen, indem sie schwere chinesische Vasen nach ihm warf oder Sodaflaschen durchs Zimmer schleuderte. Tagsüber bombardierte sie das Studio mit Anrufen, da sie hinter jeder gespielten Liebesszene eine echte witterte. Das ging schließlich so weit, daß Bogart Sam Warner bat, auf ihn eine 100 000-Dollar-Lebensversicherung abzuschließen, damit wenigstens das Studio und Bogarts Agent Wassermann keine finanziellen Verluste hätte, falls Mayo einmal besser zielen sollte.

Im Studio verkroch Bogart sich zunächst meistens in seiner Garderobe und ließ fast niemanden an sich ran – er machte seinen Job, sehr professionell und konzentriert, aber privat war er zu wie eine Schnecke in ihrem Haus. »Ich küßte ihn, aber ich habe ihn nicht gekannt«, hat die Bergman immer auf Fragen

Das Liebespaar und sein Dompteur: Bogart, Bergman und Curtiz vor
dem Auftritt, wartend. © Robert Fischer

nach ihrer Beziehung zu Bogart gesagt – und zugegeben, daß
sie sich anfangs vor Bogart gefürchtet hat: Hatte er in seinen
Filmen nicht ein Image als rauher, bösartiger Verbrecher aufgebaut? Doch als sie ihn dann kennenlernte, merkte sie, daß er
hinter seinem rauhen Äußeren innerlich weich und verletzlich
war – oder, wie Barry Norman sagt: »Bogart hatte das Aussehen
eines knallharten, kaltblütigen Berufskillers, aber im tiefsten
Inneren war er noch weicher als ein Drei-Minuten-Ei!«

Die einzigen, die in dieser Zeit noch an ihn herankamen,
waren Peter Lorre, sein Freund seit dem *Maltese Falcon,* und

Howard Koch. Der erzählt: »Glücklicherweise hatte ich die Hilfe und die Ermunterung von Humphrey Bogart sowie der anderen Schauspieler, die erkannt hatten, daß wir in einer Art Pirandello-Situation waren: Sechs Personen suchen eine Geschichte. Bogie lud mich immer wieder in seine Garderobe ein, mit seiner üblichen Bemerkung: ›relax and have a drink!‹ Wir redeten, und manchmal schaute sogar ein genialer Einfall aus der Whiskyflasche heraus und ließ mich schnell in mein Büro zurückkehren, um die Idee zu einer Szene umzuarbeiten.«

Die Arbeit am Film ging währenddessen mit typisch Curtizscher Geschwindigkeit voran, und schon nach acht Drehbuchseiten hatte er, wie gewohnt, gegenüber dem Drehplan einen Vorsprung herausgearbeitet. Er rückte dem verzweifelt nach Ideen suchenden Koch immer näher.

Peter Lorre läßt grüßen

Mit dem ersten Auftritt von Conrad Veidt am 8. Juni 1942 wurde die Stimmung im Team sehr gelassen: Er und Claude Rains waren professionelle und liebenswürdige Zeitgenossen, so daß sich das Drehen ihrer Szenen völlig unproblematisch gestaltete. Rains war es dann auch, der sich einen der schönsten Witze der Dreharbeiten leistete.

In jener Szene, in der Rains Rick's Café betreten sollte, um Laszlo zu verhaften, wollte Curtiz einen besonderen Effekt erzielen und drehte deshalb Take auf Take, ohne daß Rains wirklich verstand, was er eigentlich falsch machte. »Mein lieber Mike«, soll er daraufhin gesagt haben, »sag mir doch einfach, was du eigentlich wirklich willst.« »Ich will, daß du schneller reinkommst«, schnarrte Curtiz daraufhin. Rains wackelte bedenklich mit dem Kopf, um dann erneut hinter der Tür zu verschwinden. »Okay«, rief er durch die Tür, »ich hab' jetzt kapiert, was du willst!« Curtiz rief dankbar den nächsten Take ab, die Tür flog auf, und Rains tobte, wie von einer Tarantel gestochen, ins Studio – auf einem Fahrrad.

Die Strafe für infame Streiche: Peter Lorre wird verhaftet – und Bogie meint: »I stick my neck out for nobody!« © Deutsche Kinemathek

Curtiz war, nicht nur seiner Arbeitsbesessenheit, sondern vor allem seiner völligen Humorlosigkeit wegen, ein ideales Opfer für Streiche dieser Art. Und einer, der sich ganz besonders infame Streiche ausdachte, war Peter Lorre.

Während *Casablanca* hatte Lorre zudem besonders viel Zeit dafür: Er war ausschließlich im ersten Teil des Films beschäftigt, und auch da nicht übermäßig viel. So ließ Lorre sich einmal von Curtiz, der ein enger Freund des ebenfalls aus Ungarn stammenden Schauspielers Paul Lukas war, private Geschichten über Lukas erzählen. Lukas drehte im Nebenstudio gerade *Watch on the Rhine*. Also gingen Lorre und Bogart auch zu ihm, um ihm andere Anekdoten über Curtiz zu entlocken. Nachdem sie über eine große Anzahl Geschichten verfügten, fingen sie an, Lukas und Curtiz diese in verfremdeter Form zu erzählen, so daß beide glaubten, der andere rede schlecht über ihn. Beinahe hätte dies zum Ende der Freundschaft Lukas-Curtiz geführt, und man ist manchmal versucht zu denken, daß die Rollen, die Peter Lorre gewöhnlich spielte, doch ein Teil seines Charakters waren . . .

Eine ausführliche Quelle all jener Streiche, die während der Dreharbeiten zu *Casablanca* passiert sein sollen, ist Paul Henreids Autobiographie »Ladies' Man«. Darin erzählt er von zwei weiteren Grobheiten, die natürlich auch von Lorre initiiert waren: Beim erstenmal war erneut Curtiz sein Opfer, beim zweitenmal Arthur Edeson.

»Mike Curtiz war«, schreibt Henreid, »ein klassischer Verführer und dafür bekannt, daß er oft recht junge Statistinnen engagierte, denen er alles mögliche versprach, nur um sie um sich zu haben und sie in einer Drehpause endgültig verführen zu können. Dafür suchte er sich irgendeine private Ecke auf dem Set, wo er dann die Bühnenarbeiter eine Couch oder eine Matratze hintragen ließ. Er glaubte, niemand von uns wüßte von diesen kleinen Affären, aber Peter hatte es natürlich herausgefunden. Er ging zur Tonabteilung und ließ sie ein Mikrophon über Mikes Lieblingsplatz aufhängen und einen Lautsprecher im Studio. Und eines Tages war es dann soweit: Wir hatten gerade eine Pause zwischen den Einstellungen, als wir plötzlich Mike stöhnen hörten . . .«

Einen anderen, eher harmlosen Scherz spielte Lorre seinem Kameramann Edeson. Der hatte die seltene Angewohnheit, die Plätze, auf denen die Schauspieler während einer Szene stehen mußten, selbst mit Kreide zu markieren. Lorre schlich sich nun in der kleinen Pause, in der die Lichtdoubles den Platz verließen und die Schauspieler zurückkamen, aufs Set, wischte die Kreidestifte aus und markierte neue, andere Plätze, nur wenige Schritte von den ursprünglichen entfernt. Als die Schauspieler dann ihre Plätze vor Edesons Kamera eingenommen hatten, mußte der feststellen, daß alles anders war als bei den Proben: Henreid hatte Schatten über dem Gesicht, und die Bergman stand völlig im Dunkeln. Edeson raufte sich die Haare vor Verzweiflung, und Curtiz marschierte fluchend durch das Studio – immer in der Furcht, hinter dem Drehplan zurückzubleiben und seinen Ruf als besonders schneller Regisseur zu verlieren.

Curtiz rächte sich dann in solchen Momenten meist an einem harmlosen Statisten oder Kleindarsteller – denn so charmant er auch gegenüber seinen Hauptdarstellern war, so biestig und lautstark konnte er dem Rest des Teams gegenüber sein. Das ärgerte dann wieder Claude Rains, der sich als Gentleman solche Schreiereien verbat.

Als Curtiz während der *Casablanca*-Dreharbeiten wieder einmal aus der Haut fuhr und einen Kleindarsteller anbrüllte, marschierten Rains, Henreid und Bogart sofort zu Curtiz und drohten, daß sie, falls so etwas noch einmal vorkomme, ohne Zögern den Set verlassen würden. »Wir möchten uns gerne vom ersten bis zum letzten Tag am Drehort wohl fühlen können. Und wir wollen deshalb kein häßliches Wort mehr an diesem Ort von dir hören, zu niemandem!« sagte Rains in vollem Ernst.

Curtiz erstarrte zur Salzsäule und versprach, sich in Zukunft zu beherrschen – was er auch tatsächlich tat. Bis zur allerletzten Szene. Doch an die war zu diesem Zeitpunkt noch nicht zu denken.

Ungeachtet aller Streiche, die sich zumeist die männlichen Schauspieler gegenseitig spielten, wurde bei *Casablanca* auch gearbeitet. Schon die ständige – zwar nicht sichtbare, aber doch spürbare – Präsenz von Hal Wallis war dafür Garant: Er sah sich jeden Tag die Muster des gedrehten Materials an, er hielt weiterhin jeden Sonntag mit Koch und Curtiz (eventuell auch mit Robinson, sicher aber mit Bess) seine regulären Drehbuchkonferenzen ab, um doch noch vor Ende der Dreharbeiten ein passendes Ende zu finden, und er hatte ein Auge auf alle Details der Dreharbeiten – selbst wenn sie noch so klein waren.

Sein besonderes Augenmerk galt den Kostümen: *Casablanca* sollte zu Kriegszeiten spielen, in einer Stadt voller Emigranten, und da fiel es schon auf, wenn der weibliche Star durch den Film lief, als hätte er drei Schrankkoffer voll neuer Kleidung aus Paris retten können. Am 3. Juni schrieb Wallis deshalb in einem Memo am Michael Curtiz:

»Lieber Mike, wir müssen ernsthaft darüber nachdenken, ob dieses Mädchen jemals ein Abendkleid tragen soll. Eigentlich versuchen diese zwei Menschen doch gerade zu fliehen. Die Gestapo ist hinter ihnen her, sie sind durch verschiedene Länder geflohen, und gehen nicht aus gesellschaftlichen Gründen in Rick's Café. Es scheint mir ein wenig unpassend, wenn sie ein Abendkleid trägt, so als hätte sie ihre gesamte Garderobe dabei. Auch für Henreid wäre es besser, er hätte nur einen einfachen sportlichen Anzug, und sie sollte einfach Straßenkleidung tragen.«

Wallis hat hier gerade noch das Schlimmste verhindert, aber es erstaunt doch, daß er sich nicht daran störte, daß der gerade

Nächste Doppelseite:
Bogie weiß es, und Sydney Greenstreet auch: Dooley Wilson kann nicht Klavier spielen. © Robert Fischer

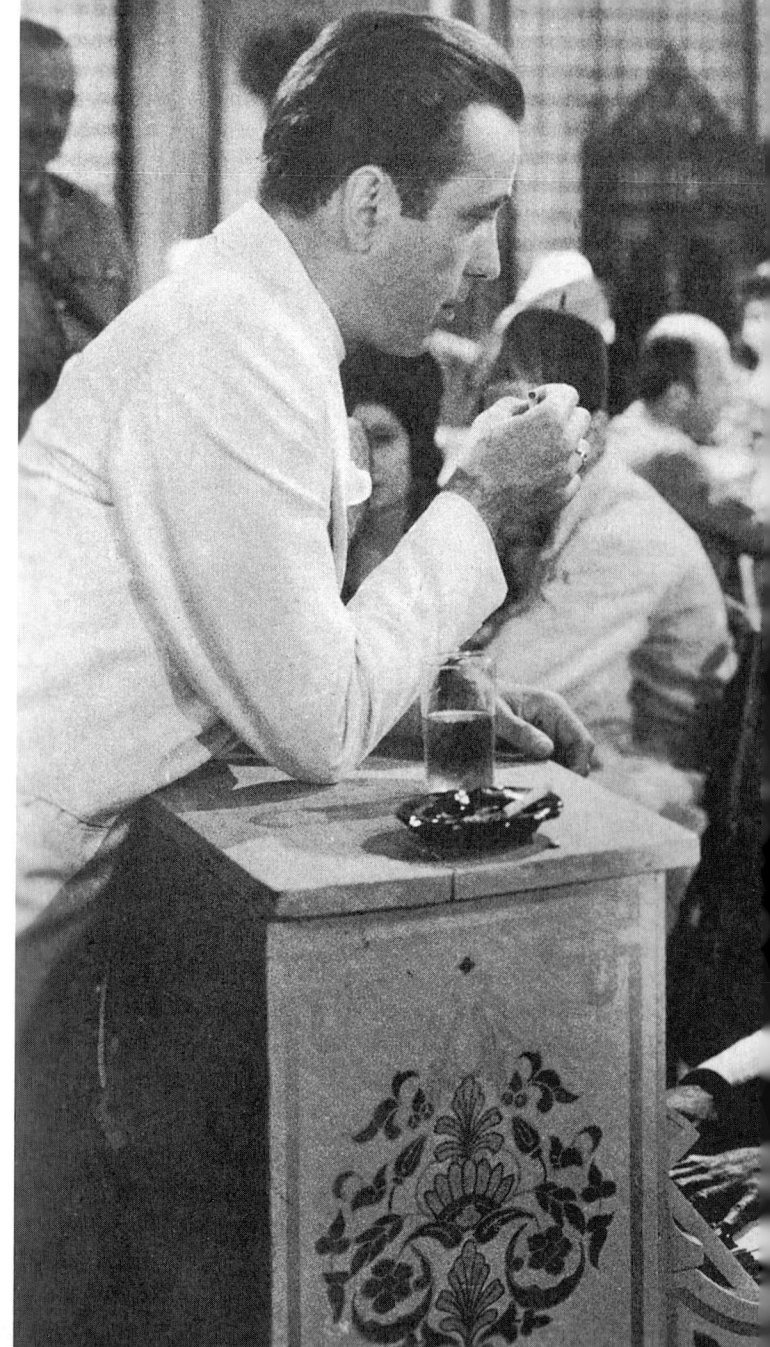

einem Konzentrationslager entronnene Victor Laszlo den ganzen Film über einen weißen Anzug trägt und dabei ausschaut wie Rhett Butlers kleiner Bruder.

Zwei sachliche Fehler aber bemerkten weder Wallis noch der technische Berater, Major Robert Aisner. Waren schon die Transitbriefe eine reine Erfindung von Murray Burnett und Joan Alison, so fügten die Brüder Epstein – oder Koch – dem einen Fehler noch einen zweiten hinzu: Statt des Vichy-Generals Weygand, dessen Unterschrift die (fiktiven) Transitbriefe genaugenommen tragen hätten müssen, schrieben sie den Namen des im Exil lebenden Generals de Gaulle darunter – historisch völlig unrichtig, was aber niemandem aufzufallen schien. Auch einer der schönsten Dialoge von Rains: »We mustn't underestimate American blundering. I was with them when they blundered into Berlin in 1918«, ging von der falschen Annahme aus, amerikanische Soldaten seien Ende des Ersten Weltkrieges nach Berlin einmarschiert! Selbst der Deutsche Conrad Veidt scheint diesen Lapsus nicht bemerkt zu haben – erst die deutsche Synchronisation von Wolfgang Schick (1975) korrigierte diesen Satz und machte daraus: »Ich habe erlebt, wie bei ihrem Einsatz 1917 (sic!) ganz schön Späne fielen.« Auch General de Gaulle existiert in dieser Fassung nicht mehr . . .

Das erste größere Problem tauchte bei den Dreharbeiten jedoch erst in jener Szene auf, in der Dooley Wilson als Sam singen und Klavier spielen sollte. Dooley war zwar ein hervorragender Blues-Sänger, doch Klavier spielen konnte er nicht. Ein anderer Musiker, Elliot Carpenter, hatte den Klavierpart zuvor aufgenommen, so daß er nun mit Wilsons Gesang als Playback abgespielt werden konnte. Alles, was Wilson noch zu tun hatte, war, lippensynchron und handsynchron zur Musik zu mimen. Um einen besonders realistischen Bareindruck zu kreieren, ließ Curtiz in derselben Szene zur Musik auch Dialoge sprechen und aufnehmen – insofern ein Problem, als der Tonmann nun die Playback-Musik so leise drehte, daß Wilson nichts mehr hören konnte und so den Faden seines synchronen Klavierspiels verlor. Das Problem wurde schließlich dadurch gelöst, daß Curtiz für Carpenter ein zweites Klavier in Sichtweite von Wilson (und außerhalb des Kamerawinkels) aufstellte, so daß Wilson einfach die Fingerbewegungen von Carpenter nachspielte – die Kopie der Kopie der Kopie, sozusagen.

Ein anderes kleines Problem tauchte in jener wunderbaren Szene auf, in der Henreid das kleine Salonorchester aus Rick's Café zum Spielen der »Marseillaise« animiert. Ricks ehemalige Geliebte Yvonne, die inzwischen mit einem Deutschen fraternisiert, wechselt daraufhin erneut die Fronten und singt mit wehem Herzen und lauter Stimme (aber ziemlich richtig) die Führungsstimme. Madeleine Le Beau, tatsächlich eine französische Emigrantin, war von dieser Szene selbst so bewegt – so real schien ihr plötzlich die ganze Situation –, daß sie bei jedem Take schon nach wenigen Worten hemmungslos zu schluchzen begann. Curtiz versuchte es zweimal, fünfmal, neunmal – es war immer dasselbe. Schließlich fügte er sich in sein Schicksal und ließ Madeleine weinen: nicht die schlechteste Entscheidung, so scheint es uns heute beim Ansehen von *Casablanca*.

Aber alles in allem schritten die Dreharbeiten zu *Casablanca* offensichtlich ohne größere Probleme voran, läßt man einmal außer acht, daß durch Curtiz' Drehtempo nach einiger Zeit der Punkt erreicht war, an dem er die Drehbuchautoren eingeholt hatte. Er hätte faktisch also nichts mehr zum Drehen gehabt, hätten nicht die Autoren jede Nacht zumindest die Szenen geschrieben, die am nächsten Tag gedreht werden sollten. Um Howard Koch von diesem enormen Druck etwas zu entlasten, hatte Wallis am 25. Mai (andere Quellen behaupten, es sei der 18. Juni gewesen) erneut Casey Robinson für zwei Wochen (die sich dann auf dreieinhalb ausdehnten) engagiert, der nun die Geschichte von *Casablanca* auf der Basis des Original-Stücks sowie des Epsteinschen Drehbuchs weiterschrieb.

Das war – selbst in Erinnerung an den ebenso seltsamen Entstehungsprozeß des Drehbuches von *Gone with the Wind* (Selznick und Victor Fleming spielten da über mehrere Tage ihrem Autor Ben Hecht, der den Roman nicht gelesen hatte, die ganze Geschichte unter Verkörperung sämtlicher Rollen vor!) – für das perfekt durchorganisierte Hollywood eine eher ungewöhnliche Situation. Kein Wunder also, daß nicht nur die Schauspieler, sondern auch Curtiz nervös wurden. Er verstrickte sich vor allem mit Koch immer wieder in heftige Diskussionen über die romantischen Teile der Geschichte: Während Koch die antifaschistischen, politischen Aspekte der Geschichte stärker betont sehen wollte, interessierte Curtiz vor allem die Liebesgeschichte.

Bogart hingegen wollte beides: Er wollte endlich ein richtiger Lover werden, aber natürlich deswegen nicht seine geheimnisvolle Aura verlieren. Vermutlich war sogar er es, der beide Ebenen zusammenbrachte und für einen Kompromiß sorgte. Bogart scheint im Laufe der Dreharbeiten stärker Einfluß auf den Fortgang des Drehbuchs genommen zu haben, als man dies normalerweise von einem Schauspieler annehmen möchte. Nicht allein, daß er sich fast regelmäßig mit den Autoren und mit Hal Wallis in seiner Garderobe oder zum Mittagessen traf, er begann sogar, einige der Dialoge aus dem sogenannten »master script« (sie waren größtenteils noch von den Brüdern Epstein) zu verändern. Allem Anschein nach war er sogar für einige Veränderungen des Dialogs verantwortlich. Bestes Beispiel seines Einflusses ist die berühmteste Dialogzeile aus *Casablanca* »Ich seh' dir in die Augen, Kleines«, im Englischen kurz und knapp »Here's looking at you, kid«. Ein typischer Bogie-Slang, denn ursprünglich hatte es ganz brav »Here's good luck to you« geheißen.

Auch die »filmische« Liebesgeschichte zwischen dem 43jährigen Bogart und der 27jährigen Ingrid Bergman funktionierte – wider alles Erwarten. Die Bergman hatte ihre Furcht vor dem »rauhen« Bogart durch mehrmaliges Anschauen seines Films

»Ich seh' dir in die Augen, Kleines«: und Millionen von Zuschauern schmelzen dahin. Kino pur! © Deutsche Kinemathek

The Maltese Falcon überwunden und schließlich festgestellt, daß er ganz anders war, als sie es erwartet hatte. Und er hatte seine Angst, ein junges Mädchen könnte ihm die Show stehlen, begraben. Das einzige, was ihm jetzt noch Sorgen machte, war weiterhin Mayo: Sie war der Grund, daß Bogart kräftig dem Alkohol zusprach und an manchen Drehtagen noch verknitterter aussah als ohnehin schon.

Eines Tages erschien Bogart dann nicht zu den Dreharbeiten. Wallis ließ nach ihm »fahnden«. Wenige Minuten später kam der Regieassistent zurück und berichtete, Bogie fahre im Hof des Studios Fahrrad, und es sehe ziemlich wackelig aus. Jack Warner wurde benachrichtigt, und als er endlich Bogart gegenübersaß, war Bogart schon wieder völlig nüchtern – die frische Luft hatte reinigende Wirkung gehabt. Warner nahm sich Bogie dennoch zur Brust: Um seine Abscheu vor mangelndem Professionalismus wissend, erinnerte er ihn an die gesamte Crew, die nun seinetwegen warten müsse. Und Bogie war, zumindest für diesen Film, vom übermäßigen Alkoholkonsum geheilt.

Grund zu Alkoholkonsum hatten zu diesem Zeitpunkt eigentlich nur noch die Autoren. Zwar waren die Konflikte zwischen Ilsa, Laszlo und Rick sorgfältig etabliert, Ilsa war Rick inzwischen an die Brust gesunken, Laszlo hatte sich heroisch einem Gespräch mit Rick gestellt und war verhaftet worden, Ilsa glaubte noch immer, sie würde bei Rick bleiben, und Laszlo war vom Gegenteil überzeugt, doch wie das Ende der Geschichte aussehen sollte, das wußte noch immer keiner.

Es geht dem Ende zu: Bogart schlägt Claude Rains einen Handel vor, den der nicht ablehnen kann . . . © Robert Fischer

. . . doch dann geht der Handel nicht so auf, wie sich Rains das vorgestellt hat. Henreid und Bergman schauen zu. © Robert Fischer

Da gab es zwar jenes Ende aus »Everybody Comes to Rick's« von Murray Burnett und Joan Alison, in dem Rick Laszlo und Ilsa die Flucht ermöglicht, um dann verhaftet und einem ungewissen (oder sehr gewissen) Ende zugeführt zu werden. Seine letzten Worte auf Renaults Frage, warum er all das gemacht habe: »Fürs Geld, Louis, fürs Geld. Du schuldest mir nämlich fünftausend Francs.« Doch dieses Ende mochte eigentlich keiner. Es hätte zwar irgendwie zu Ricks Charakter gepaßt, doch bei der Vorstellung, den Helden in einem nordafrikanischen Gefängnis oder sogar unter Gestapo-Bewachung sterben zu lassen, war weder Wallis noch Curtiz so recht wohl. Vermutlich hätten die Fans von Bogart dies nicht goutiert, und es paßte auch nicht zur politischen Zielrichtung: Die Alliierten und nicht die Deutschen sollten diesen Krieg gewinnen.

Also wurden neue Vorschläge entwickelt: Koch und Maltz hatten die Idee, Laszlo, ähnlich wie Ugarte, in der französisch-deutschen Sicherheitsverwahrung sterben zu lassen, um so den Weg frei für ein Happy-End zu haben. Auch dies wurde verworfen: zu simpel.

Dann hatte jemand die Idee, Rick schon vor der Kamera sterben zu lassen, während Ilsa und Laszlo fliehen können. Verworfen.

Andere Möglichkeiten waren: Laszlo fliegt alleine davon, Ilsa bleibt bei Rick. Rick und Ilsa verlassen Casablanca, Laszlo zieht wieder in den Kampf. Verworfen.

In einer Version, die Koch Anfang Mai schrieb, spielten Renault und Rick in Rick's Café am Ende sogar miteinander Schach:

»Renault:

Ich glaube, ich war am Zug.

(Er studiert das Schachbrett)

Mmmm – außerordentlich schwierige Position.

Er bewegt eine Figur, tritt dann zurück, während Rick an das Schachbrett herangeht, seinen Freund dabei noch immer mit der Waffe bedrohend.

Rick:

Mir bleibt nur ein einziger Zug.

(Er zieht.)

Der Präfekt tritt wieder an das Schachbrett heran, studiert es.

Renault:

Es gibt keinen Zug mehr. Die Könige können sich nicht bewegen. Wir sind beide schachmatt.

Rick (grimmig):

Das wär's dann wohl – das Spiel ist aus.

In diesem Augenblick donnert das Flugzeug mit Louis und Laszlo über das Dach des Cafés. Rick und Renault schauen hoch. Der Lärm schwillt wieder ab.

Renault:

Ricky, ich hatte recht. Du bist ein sentimentaler Mensch.

Abblende.«

Nicht schlecht für den Anfang – und einige Zeilen Dialog aus dieser Idee sollten schließlich auch übrigbleiben, doch irgendwie fehlte noch immer der wirklich geniale Dreh. Auch in Washington, wo die Epstein-Brüder mit Frank Capra *Why We Fight* schreiben und drehen sollten, war nicht alles nach Plan verlaufen. Die Dreharbeiten hatten verschoben werden müssen, die Epsteins waren Ende Juni wieder in Hollywood. Wallis schmollte zwar noch wegen ihrer überstürzten Abreise im April und dachte darüber nach, ob er sie überhaupt bezahlen solle. In einem Memo vom 23. Juli an Jack Warner faßte er noch einmal die Gründe seiner Verärgerung im Fall Epstein zusammen:

»Die Epsteins haben um ihre Bezahlung gebeten, und Sie müssen nun entscheiden, ob wir sie bezahlen sollen oder nicht.

Es ist zwar richtig, daß sie einen Teil des Drehbuchs mitgebracht haben, aber es mußte praktisch alles umgeschrieben werden, und ihre dreiwöchige Abwesenheit hat uns wahrlich in Schwierigkeiten gebracht und die Verpflichtung der anderen Autoren notwendig gemacht.«

Doch schließlich verzieh Wallis den Epsteins großmütig und holte sie sogar zu den letzten Drehbuchbesprechungen hinzu. Und die Hinzuziehung der Zwillinge sollte sich lohnen, denn ausgerechnet sie hatten, so berichten Koch und Julius Epstein übereinstimmend, schließlich die entscheidende Idee.

Eines Nachts, kurz vor Ende der Dreharbeiten zu *Casablanca*, fuhren die Zwillinge mit dem Wagen vom Studio heim, den Cahuenga Pass hinunter und dann über den Sunset Boulevard nach Beverly Glen. Ihre Gedanken waren natürlich bei *Casablanca*, und sie wunderten sich, daß überraschenderweise doch noch ein halbwegs guter Film aus ihrem seltsamen Script geworden sei. Beide waren sich darin einig, daß ihre größte Leistung die Veränderung ihrer Lieblingsfigur – Capitaine Renault – von einem Schurken zu einem liebenswert ambivalenten Charakter sei. Sie erinnerten einander an seine Dialoge und realisierten plötzlich, daß sie die Lösung für das Ende gefunden hatten. Wie es sich für Zwillinge gehört, sogar im selben Augenblick. Sie schauten sich an und sagten wie aus einem Mund: »Round up the usual suspects – Verhaften Sie die üblichen Verdächtigen.«

Das war's. Sofort sausten sie zurück und riefen Wallis an. Erzählten ihm den neuen Schluß. Doch Wallis war skeptisch. Aber schließlich gab es schon eine ganze Menge anderer Schlüsse – und auf einen mehr oder weniger kam es da auch nicht mehr an. Und so hörte er sich an, was sie sich ausgedacht hatten.

Mit dieser Entscheidung war der Weg frei: für den Schluß, den wir alle kennen – und lieben.

Abschied im Nebel

Als sich am 17. Juli 1942 Crew und Besetzung von *Casablanca* in Halle eins der Warner-Studios versammelten, um endlich die Schlußszene von *Casablanca* zu beginnen, waren sich Wallis, Curtiz und die verschiedenen Autoren sicher, daß sie die beste Lösung gefunden hatten. Nach langem Suchen war die Idee der Epsteins der erlösende Gedanke gewesen, und alle anderen Autoren hatten dem zugestimmt.

Ironischerweise schrieb dann Howard Koch – und nicht die Epsteins – die Schlußszene, ironischerweise schrieb er auch, trotz der allgemeinen Begeisterung für den Epstein-Schluß, noch einen zweiten, alternativen Schluß: vermutlich eine Szene, in der die Bergman mit Bogart davonfliegt, während sich Laszlo erneut in den Untergrund-Kampf stürzt.

Ironisch deswegen, weil Hal Wallis schon am 6. Juli seine Genugtuung über den neuen Schluß in einem Memo an Michael Curtiz geäußert hatte:

»Ich denke, wir haben die große Szene zwischen Ilsa und Rick am Flughafen erfolgreich hingekriegt, indem wir Laszlo am Ende wieder hinzukommen lassen.

Es war nahezu unmöglich, eine wirklich überzeugende

Der Schluß ist gefunden: Ingrid Bergman und Humphrey Bogart warten vor Michael Curtiz' Kamera auf den Nebel – und das ausgerechnet in Casablanca. © Robert Fischer

Szene zwischen den zwei Charakteren zu schreiben, in der Rick Ilsa seine Idee verkaufen konnte, die Stadt ohne ihn zu verlassen. Kein Argument von Rick hätte genützt, um ihre Entscheidung, bei ihm zu bleiben, rückgängig zu machen, und dies war, so denke ich, auch immer der Grund, warum wir solche Schwierigkeiten hatten, diese Szene zu schreiben.

Wie auch immer: Die Tatsache, daß Laszlo auftaucht, macht es Ilsa unmöglich, weiterhin zu protestieren, und so kann die Szene überzeugend zu einem Ende gebracht werden.«

Doch ganz so einfach sollte diese Szene dann doch nicht werden. Schauspieler und Regisseur waren inzwischen durch die regelmäßigen Veränderungen des Drehbuches so verunsichert, daß sie jede neue Idee genauestens unter die Lupe nahmen. Im Tagesbericht des Aufnahmeleiters Al Alleborn liest sich der Tag der letzten Szene deshalb folgendermaßen:

»Bericht für FREITAG, 17. 7. 42, 45. Drehtag.

Arbeitsbeginn um neun Uhr in Halle eins. Dreh der Szene Außen. FLUGPLATZ. Erste Einstellung um 9:50 Uhr, letzte um 18:14 Uhr.

Besetzung am Set: BOGART, BERGMAN, RAINS, HENREID . . .

Während des ganzen Tages gab es verschiedene Verzögerungen, die durch Auseinandersetzungen zwischen Regisseur Curtiz und Schauspieler Bogart verursacht wurden. Ich mußte Wallis holen, um die Situation zu bereinigen. Einmal saßen alle eine lange Zeit herum und stritten, um sich schließlich doch noch zu einigen, wie die Szene gedreht werden sollte.

Außerdem gab es zahlreiche Verzögerungen, weil einige Schauspieler ihre Dialoge nicht kannten, da es sich um eine Szene handelte, die noch in der Nacht zuvor umgeschrieben worden war . . .

Was war passiert? Bogart, der inzwischen fast als Co-Autor in dieser Geschichte agierte, hatte, wohl wissend, daß er ein Leinwand-Image zu verteidigen hatte, ein besonders sorgfältiges Auge auf die Entwicklung seiner Figur. Er wollte, daß Rick sei-

»Das gottverdammte blöde A . . .« kann seinen Satz nicht: Rains,
Bogart, Henreid und Ingrid Bergmann sind wie vom Donner gerührt.
© Bildarchiv Engelmeier

ner Karriere eine neue Wende in Richtung zynisch-gebroche-
ner Liebhaber gebe. Deshalb durfte die Figur keinesfalls durch
einen ungenügenden Schluß ruiniert werden.

Zu den umstrittenen Szenen gehörte zum Beispiel die, in der
Rick seinen Nazi-Widersacher – Major Strasser – erschießt. In
der Kochschen Fassung erschoß er Strasser einfach von hinten,
als der zum Telephon griff, um den Funk-Tower zu benach-
richtigen.

Das war ein Verhalten, wie Bogart es in einer seiner Gang-
sterrollen an den Tag gelegt hätte – nicht aber als Rick. Also

protestierte er: Rick sei, wie man nun gerade in den letzten zehn Minuten des Films erklärt bekommen habe, ein idealistischer, ehrenwerter Charakter, und es passe nicht zu ihm, einen Mann – selbst einen Nazi – von hinten zu erschießen. Conrad Veidt gab ihm recht. Zuvor hatte die Joseph I. Breens Motion Picture Producers and Distributers Association, eine Art interner Hollywood-Zensur, diese Szene ebenfalls bereits bemängelt. Veidt schlug eine Alternative vor: Strasser könne doch seine Waffe ziehen und Bogie so die Rechtfertigung für den Schuß geben. Curtiz fügte sich grummelnd in eine neue Probe – und die Szene wurde so gedreht, wie Bogie es wollte.

Dies war aber nur einer der Gründe, warum sich die Dreharbeiten an jenem Tag so oft verzögerten. Da ging es unter anderem darum, daß Bogart die Bergman nicht küssen wollte – zum Abschied. Curtiz hatte sich das so romantisch vorgestellt, doch Bogart entschied auch hier, das passe nicht zur Rolle. Und Wallis gab ihm recht. Einen anderen Grund – eben den, den auch Alleborn erwähnt – erzählt Paul Henreid. Wieder ging es um Curtiz' Angewohnheit, bei Wutanfällen seinen Zorn gegen Kleindarsteller oder Mitglieder der Crew zu richten. Rains hatte ihm in einem solchen Fall schon zu Beginn der Dreharbeiten mit der sofortigen Niederlegung der Arbeit gedroht – und nun war es endlich soweit.

»Die letzte Szene am Flugplatz begann mit einer schwierigen Einstellung. Ein Wagen mit Bogie, Ingrid und mir, am Steuer Claude, mußte heranfahren, eine Kehre machen und dann an einer ganz bestimmten Stelle stoppen, so daß wir nach dem Aussteigen alle auf mit Kreide markierten Stellen standen. Dort würden wir uns nicht gegenseitig verdecken, und die Kamera lief nicht Gefahr, den Studiohintergrund einzufangen. Doch alles ging schief: Jedesmal verfehlte Claude entweder die Markierungen um wenige Zentimeter, oder der Scheibenwischer war zur falschen Zeit am falschen Platz. Der Nebel war entweder zu dick, oder wir standen alle auf den falschen Markierungen. Eine Serie kleiner Desaster bei jedem Take. Doch jedesmal mußte der alte Nebel weg- und neuer Nebel ins Studio geblasen werden. Und das dauerte immer mindestens eine halbe Stunde.

Schließlich aber fuhr Claude perfekt auf die Markierung, wir alle standen am richtigen Platz, ein Kleindarsteller kam, schlug seine Hacken zusammen und sagte seinen Satz – oder besser, sollte ihn sagen. Es war ein sehr einfacher Satz: ›Yes Sir. This way please.‹ Er hatte es den ganzen Tag perfekt gesagt. Nun begann er – und erstarrte. Er hatte schlicht und einfach vergessen, was er sagen sollte.

Curtiz hatte einen Bleistift in der Hand. Er zerbrach ihn in kleine Teile und schrie: ›Schnitt! Schnitt!‹, dann schmiß er die Stücke auf den Boden und begann zu brüllen: ›Du gottverdammtes blödes Arschloch . . .‹

Claude sah mich an, ich schaute zu Bogie. Dann drehten wir uns auf dem Absatz um und marschierten davon, während Curtiz in Panik schrie: ›Nein! Bitte, nein!‹

Ganz ruhig entgegnete ihm Claude: ›Wir sehen dich in ein paar Tagen wieder, Mike.‹ Wir versteckten uns in einer der Garderoben. Curtiz drehte fast durch. Er ließ das Haupttor schließen und schickte das halbe Team los, um nach uns zu suchen.

Zwei Stunden später, etwa um halb sechs, kamen wir zurück, zu einem geläuterten, milden Regisseur. Wir drehten die Szene neu, und – Wunder über Wunder – sie klappte gleich beim erstenmal!«

Auch so können natürlich Mehrkosten entstehen!

Doch ungeachtet solch kleiner Probleme klappte alles ganz hervorragend mit dieser Schlußszene, so hervorragend, daß Curtiz und Wallis nach der Prüfung der Muster entschieden, keine zweite Version des Schlusses mehr zu drehen. Das einzige, was sie noch veränderten, war der Schlußsatz. Ursprünglich hatte der letzte Satz, den Bogie zu Rains sagt, während die Kamera sich geheimnisvoll in den Nebel erhebt, ganz anders gelautet:

Rick:
Louis, I might have known you'd mix your
patriotism with a little larceny.
(Louis, ich hätte wissen sollen, daß du
deinen Patriotismus mit ein bißchen
Hehlerei vermischen würdest.)

Was für ein langweiliger Dialog! Doch zum Glück standen Bogie und Rains zum Zeitpunkt dieses Dialogs mit dem Rücken zur Kamera, und außerdem ziemlich weit weg – und so war es natürlich ein leichtes, später einen anderen Dialog auf diese Bilder zu synchronisieren. Doch der war erst am 21. August soweit – in einem Memo an Mike Curtiz schrieb Hal Wallis jene unsterblichen Worte nieder.

»Der neue Dialog, den Bogart spricht, ist folgender:
Rick: Our expenses – (pause) – Louis, I think, this is the beginning of a beautiful friendship.«

Casey Robinson war sich später ganz sicher, daß die Idee für diesen Schlußsatz von Hal Wallis stammte. Damit hat sich der Produzent zu guter Letzt nicht nur ein Denkmal mit *Casablanca* gesetzt, sondern ist auch als Autor einer der schönsten Dialogzeilen, die das Kino in seiner kurzen Geschichte gehört hat, in die Annalen eingegangen.

Mit dem Dreh der letzten Szene von *Casablanca* in den Tagen vom 17. bis zum 22. Juli waren zwar die Auftritte von Claude Rains und Conrad Veidt in *Casablanca* beendet, doch es blieben noch ein paar kleinere Szenen für Humphrey Bogart und Ingrid Bergman übrig. Da waren vor allem einige Straßenszenen, die auf einer künstlichen Straße hinter den Studios abgedreht werden mußten, sowie ein paar gemeinsame Auftritte von Sydney Greenstreet und Humphrey Bogart.

Am 3. August 1942 war alles im Kasten. Damit hatten die Dreharbeiten zu *Casablanca* 59 Tage gedauert – elf Tage länger, als ursprünglich vorgesehen. Die Kosten waren von 878 000 Dollar auf etwa 950 000 Dollar angestiegen, blieben damit aber noch immer knapp unter einer Million und somit unter dem Etat für einen Big-budget-Film. Wallis und Curtiz fühlten instinktiv, daß sie einen ungewöhnlichen Film gedreht hatten – daß er ein »Kultfilm« werden sollte, wußte natürlich zu diesem Zeitpunkt noch niemand.

Die kurzen Haare der Bergman

Kaum waren die Dreharbeiten von *Casablanca* beendet, rannte Ingrid Bergman zum Friseur und ließ sich, unter Aufsicht von David O. Selznick, die Haare zu einer jungenhaften Kurzhaarfrisur schneiden.

Das Unglaubliche war geschehen: Vera Zorina, die ursprüngliche Besetzung für die Rolle der Maria in Hemingways *For Whom the Bell Tolls*, hatte versagt. Es ging das Gerücht um, sie, die eigentlich Tänzerin war, habe sich am felsigen Drehort die Beine nicht verletzen wollen und sei deshalb höchst eigenartig durch die Landschaft stolziert. Paramount mußte seine falsche Besetzung eingestehen und David O. Selznick nun doch um die Freigabe von Ingrid Bergman bitten.

Die Bergman triumphierte: Mit der »Maria« hatte sie ihre heißersehnte Traumrolle, die ihr, wie sie hoffte, endlich die Anerkennung des Publikums und vielleicht auch einen Oscar bringen würde. *Casablanca* und seine Dreharbeiten waren vergessen und die Bergman schon am 5. August auf dem Weg zum neuen Drehort in den Bergen von Sonora in Mexiko. Mit kurzen Haaren, wie gesagt – eine Tatsache, die sich auch für *Casablanca* noch als Glücksfall erweisen sollte.

Denn inzwischen hatte der festangestellte Warner-Cutter Owen Marks schon einige Wochen am Schnitt von *Casablanca* gearbeitet. Noch während der Dreharbeiten hatte er das gedrehte Material in eine rohe Ordnung gebracht, was den Vorteil hatte, daß nicht gelungene Szenen während der tatsächlichen Drehzeit nachgedreht oder durch eine zusätzliche Einstellung ausgebessert werden konnten. Marks hatte keine Eile mit seinem Schnitt, denn *Casablanca* sollte, nach Warners Plä-

Die Haare sind ab – und Ingrid Bergman ist zu Maria geworden.
© Bildarchiv Engelmeier

nen, erst im Frühjahr 1943 in die Kinos kommen. Die einzigen Gründe für ihn, bald eine Rohfassung abzuliefern, war die Bitte Wallis', den Film einmal komplett sehen zu können, um danach über eventuelle Re-Takes oder veränderte Szenen zu entscheiden, sowie die Tatsache, daß Max Steiner eine Kopie brauchte, um seine Musik zu schreiben.

Max Steiner war ein erfahrener Hollywood-Komponist und hatte für Warner zwischen 1936 und 1942 47 Filme vertont. Wie Henreid stammte er aus Wien. Anfang der zwanziger Jahre war er, dem Ersten Weltkrieg entronnen, bei RKO gelandet, wo er bald durch seine Musik zu *King Kong* (1933) berühmt wurde. Später wechselte er zu Selznick, für den er auch die Musik zu *Gone with the Wind* schrieb. Doch da Selznick für einen Workaholic wie Steiner zuwenig produzierte, begann er schon bald mit der Arbeit für die Warner-Studios. Gemeinsam mit einem anderen Wiener, Erich Wolfgang Korngold, prägte er den Stil der Warner-Filme während der dreißiger und vierziger Jahre.

1942, im Jahr von *Casablanca*, gewann Steiner für die Musik von *Now, Voyager* seinen zweiten Oscar, und so war Wallis mehr als bereit, auf seine Meinung zu hören.

Gewöhnlich setzte sich Steiner erst nach Fertigstellung der Rohfassung eines neuen Films zum erstenmal mit diesem auseinander. Das tat er auch im Fall von *Casablanca*. Doch als er aus der Vorführung wieder herauskam, war er entsetzt: Was für ein müdes, schlappes Liedchen das denn sei, das Dooley Wilson da singe, fragte er entgeistert. Ob man das nicht noch ändern könne? Man mag es kaum glauben – aber es ging um »As Time Goes By«!

Wallis war bereit, dafür ein anderes Lied – natürlich eines, das Steiner geschrieben hatte! – in den Film zu nehmen. Kein Problem, dachte er, man müßte nur ein paar kleinere Szenen neu drehen. Aber es war doch ein Problem – dank Ingrid Bergmans Haaren. Jede Chance auf eine Kontinuität war mit ihrem Friseurtermin dahin. Außerdem war sie in Sonora, weit weg, und dachte an alles andere, nur nicht an *Casablanca*. Und so blieb uns »As Time Goes By« erhalten – dem Friseur sei Dank.

Max Steiner fügte sich in sein Schicksal und komponierte seine Musik unter Einbeziehung des ungeliebten Liedes. Er tat eigentlich sogar genau das Gegenteil von dem, was man hätte annehmen können: Er benutzte die Melodie von »As Time Goes By« in jeder möglichen Situation, sozusagen als eine Art Wagnersches Leitmotiv. Entweder er hat seine Meinung doch revidiert – oder er hatte einfach einen guten Riecher! Auf jeden Fall gab er in einem Interview im August 1943 zu, er habe »zwar nichts von der Melodie gehalten, aber irgendwas hatte sie wohl – sonst hätte man ihr sicherlich nicht soviel Aufmerksamkeit geschenkt«! Steiner war auf der einen Seite zwar ein Komponist, auf der anderen aber auch ein ganz hervorragender Arrangeur bereits vorhandener Melodien: Wiener Schule à la Mahler, möchte man fast annehmen. Und so verwob er genial die »Marseillaise« und »Die Wacht am Rhein« ineinander, ließ Teile von »Deutschland, Deutschland über alles« (respektive das Haydn-Streichquartett) anklingen und zitierte in der Musik des Anfangstitels seine eigene Komposition für *The Lost Patrol* (1934). Wallis gab ihm wie üblich mittels Memo gute Ratschläge. Am 2. September schrieb er ihm:

»Wenn die ›Marseillaise‹ im Café gespielt wird, dann tu nicht so, als ob sie von diesem kleinen Orchester gespielt würde. Benütze ein großes Orchester, und laß es richtig voll klingen.

In der letzten Rolle hätte ich gerne an der Stelle, wo Bogart hochschaut und wir zum Flugzeug schneiden, eine dramatische Pause in der Musik, genau vor dem Schnitt. Dann schwellen auf dem Bild des Flugzeugs die Motorengeräusche an und gehen, nach dem nächsten Schnitt, in die Musik über.«

Steiner befolgte gehorsamst alle Anordnungen und addierte seine eigenen Ideen dazu, so daß Wallis und Warner am Ende zufrieden sein konnten. Friedlander machte sich gleich an die Orchestrierung der Steinerschen Partitur, und Owen Marks begann gelassen den Feinschnitt von *Casablanca*.

Inzwischen aber hatte sich die Lage im Zweiten Weltkrieg verändert: Deutschland hatte die »Luftschlacht um England« nicht für sich entscheiden können und damit moralisch eine schwere Niederlage erlitten. Amerikanische und britische Verbände begannen in der Folge mit Angriffen auf deutsche Städte und trugen so den Krieg mitten ins Deutsche Reich. In Nordafrika hatte die Gegenoffensive der Briten mit der Rückeroberung der Cyrenaika begonnen, und auch die russische Gegenoffensive stand unmittelbar bevor.

Und dann geschah es: Am 7. und 8. November 1942 landeten amerikanisch-britische Invasionstruppen unter Führung von General Eisenhower in Französisch-Marokko, in Oran und Algier. Die Alliierten hatten diese Küste als ersten Landungspunkt gewählt, da sie vom korrupten französischen Vichy-Regime nur wenig Widerstand erwarteten. Und so war es dann auch: Nach dreitägigem Kampf in den Straßen von Casablanca – des echten, des realen – war die »Schlacht um Casablanca« beendet, als der französische Oberbefehlshaber Darlan – ganz wie sein Pendant Renault – auf die Seite der Alliierten überlief. Die amerikanische Fahne wehte über der Stadt, und *Casablanca* – das fiktive – war Geschichte.

Das war der erste entscheidende Sieg der Alliierten gegen das Nazi-Deutschland Adolf Hitlers, und Wallis sah sofort seine Chance. *Casablanca* mußte so schnell wie möglich das Licht der Kinosäle erblicken.

Owen Marks verdoppelte sein Arbeitstempo, und innerhalb weniger Tage war die Endfassung von *Casablanca* geschnitten. In der Zwischenzeit wies Wallis – selbst einmal Pressechef von Warner und von daher mit dem untrüglichen Blick für hundertprozentige Chancen ausgestattet – seine Presseabteilung an, im November 1942 eine Mitteilung an alle Zeitungen zu geben:

»Das Warner-Brothers-Studio hat auf schnellstem Wege eine

Kopie von *Casablanca* nach New York geschickt. Sie wird unverzüglich an die amerikanischen Streitkräfte weitergeleitet, die nun selbst die Stadt und die Situation sehen können, die den Film mit Humphrey Bogart, Ingrid Bergman und Paul Henreid inspiriert haben.

Die Hal-B.-Wallıs-Produktion, unter der Regie von Michael Curtiz, geht Hand in Hand mit dem Verlauf der Geschichte. Dahinter steht ein Studio, das sonst für die Zeitlosigkeit seiner Filme berühmt ist. Durch den unverzüglichen Versand des Films nach Casablanca werden die Soldaten dort vor allen anderen eine Geschichte sehen, die sie gerade selbst erleben.«

Ein Hollywood-Reporter suggerierte damals sogar, es sei vielleicht besser, wenn das amerikanische Kriegsministerium von nun an Invasionen zuvor mit Warner Brothers abstimmen würde!

Doch noch waren nicht alle Probleme ausgestanden. Das New Yorker Büro von Warner schlug nach Ansicht des Films vor, einen patriotischen Schluß anzuhängen, der in Nordafrika landende amerikanische Soldaten zeigen sollte. Diesmal kabelte Jack Warner am 10. November höchstpersönlich zurück:

»Änderungen unmöglich. Ergeben sich nicht sinnvoll aus der Geschichte, die wir erzählen. Story über die alliierte Landung wäre komplett neuer Film; würde nicht zum jetzigen Film passen. So wie er ist, ist er ein großer Film! Die ganze Industrie beneidet uns um einen Film mit dem Namen Casablanca, und wir sollten die zeitliche Koinzidenz nutzen.«

Zur gleichen Zeit hielt Wallis zwei Testvorführungen ab, auf die er trotz der »zeitlichen Koinzidenz« nicht verzichten mochte: eine in Pasadena, die andere in Huntington Park. Die Reaktionen dort waren zwar positiv, aber alles andere als enthusiastisch. Wallis erinnerte sich später vor allem an Vorschläge, Rick und Louis doch noch während oder nach ihrer geglückten Flucht aus Casablanca zu zeigen, da sonst der Eindruck entstehen könnte, sie würden vielleicht doch verhaftet.

Das machte Eindruck auf Wallis – und er, der immer auf sein

Publikum gehört hatte, wollte ihm auch diesmal gehorchen. Am 11. November sandte er deswegen ein eiliges Memo an seinen Produktionsleiter Tenny Wright und bat ihn, den Epilog vorzubereiten:

»Es wird einen Re-Take für Casablanca geben, mit Claude Rains und Humphrey Bogart sowie fünfzig bis sechzig Statisten. Wir benötigen für alle Statisten Uniformen des freien Frankreich.

Wir werden das Deck des Frachters in Halle sieben benötigen. Die Szene ist eine Nachtsequenz mit Nebel.

Wir brauchen auch das Innere des Funkraums auf dem Frachter.

Rains ist in Pennsylvania, und ich werde Levee (seinen Manager) bitten, ihn so schnell wie möglich hierher zu bringen, da ich diese Szenen noch in dieser Woche drehen will.

Curtiz wird Regie führen, und ich glaube, er wird vermutlich zwei Nächte brauchen, jeweils von 19:00 Uhr bis 24:00 oder 1:00 Uhr.«

Am selben Tag arrangierte Produktionschef Steve Trilling eine Vorführung der Kopie für David O. Selznick, dessen Frau und den Produktionschef Dan O'Shea – und dies sollte endgültig alle Gespenster eines zusätzlichen Drehs vertreiben. Denn Selznick kabelte Wallis am nächsten Tag:

»Lieber Hal. Habe Casablanca letzte Nacht gesehen. Denke, es ist ein großartiger Film. Ihr habt großartige Arbeit geleistet. Habe Jack so gut ich konnte davon zu überzeugen versucht, daß es ein schrecklicher Fehler wäre, das Ende zu verändern. Außerdem denke ich, der Film sollte so schnell wie möglich ins Kino kommen.

Da ich weiß, wie sie angefangen haben, denke ich, die Epsteins und Koch haben sehr gute Arbeit geleistet, selbst wenn Ricks Philosophie in mindestens einem Fall Wort für Wort die von Rhett Butler ist.

Mike Curtiz' Regie war, wie immer, meisterlich. Er ist sicher einer der kompetentesten Leute in diesem Geschäft. Dir und

Mike bin ich überaus dankbar für die superbe Art, in der In-
grid geführt wurde. Dank euch beiden, und natürlich dank In-
grid, scheint die Rolle viel besser, als sie tatsächlich ist. Ich
denke, es wird zu ihrem – und natürlich zu meinem – Nutzen
sein.«

Danach war jeder Gedanke an eine Änderung des Films vergessen: Der erfolgreichste Produzent seiner Zeit hatte den Film
für gut befunden, und wer es schafft, *Gone with the Wind* auf
die Leinwand zu bringen, dem ist wirklich zu trauen. Das dachten sich Wallis und Warner, der als Studiochef nach einer weiteren Preview das letzte Wort hatte:

»Casablanca wird definitiv nicht mehr verändert. Haben ihn
letzte Nacht vorgeführt – Zuschauer reagierten unglaublich.
Von den Anfangstiteln bis zum Ende Applaus und Mitfiebern.
Hunderte haben gesagt, wir sollen den Film nicht mehr verän-
dern.«

Und so blieb *Casablanca*, wie er war.

Erfolg und andere Kleinigkeiten

Die eigentliche Uraufführung von *Casablanca* – sieht man einmal von jenen Vorführungen vor den amerikanischen GIs in
Marokko ab – fand am 26. November 1942 in New York statt,
im Hollywood-Theater, das zur Kette der Warner-Kinos
gehörte.

Die Kritiken am nächsten Morgen und in den folgenden
Tagen waren hervorragend. *Casablanca* wurde als Meisterwerk gefeiert.

Nach einer Woche hatten 31 000 Zuschauer (in einem einzigen Kino mit 1500 Sitzplätzen) *Casablanca* gesehen. Am Ende
der ersten Laufzeit von zehn Wochen in diesem Kino hatte er
eine Gesamtsumme von 255 000 Dollar eingespielt.

Casablanca war ein Riesenerfolg.

Bosley Crowther zählte *Casablanca* zu den zehn erfolg-
reichsten Filmen des Jahres, – unter anderem neben Noel

© Dr. Karkosch

Cowards und David Leans *In Which We Serve,* Powell/Press-burgers *One of Our Aircraft Is Missing,* William Wylers *Mrs. Miniver, Yankee Doodle Dandy* (auch von Curtiz), Chaplins *The Gold Rush* und einer Komödie von Preston Sturges, *Sulli-van's Travels.* Es war – wie man deutlich an den Titeln sehen kann – die Zeit der Kriegsfilme oder zumindest derer, die ent-fernt damit zu tun hatten; Komödien waren in jenem Jahr rar.

Bei der Vergabe der »New York Film Critics Awards« ging *Casablanca* dann zwar leer aus (*In Which We Serve* war hier der Gewinner) – doch der große Coup sollte noch kommen.

Der offizielle Starttermin von *Casablanca* war der 23. Januar 1943 – New York war sozusagen nur ein Prolog gewesen. Auch im Januar paßte *Casablanca* dann erneut hervorragend zur politischen Entwicklung jener Zeit, trafen doch exakt zur

151

selben Zeit, vom 14. bis 24. Januar, Roosevelt und Churchill auf der Konferenz von Casablanca zusammen, um über die gemeinsame Kriegsstrategie zu beraten. Besser hätte es gar nicht kommen können!

Mit diesem Starttermin war *Casablanca* zugleich auch für die Oscar-Vergabe des Jahres 1943 nominiert – ein glücklicher Umstand, war 1942 die Konkurrenz doch erdrückend stark gewesen. Der Erfolg von *Casablanca*, der sich über das ganze Jahr 1943 fortsetzen sollte (bis zum Ende des Jahres hatte der Film 3,7 Millionen Dollar eingespielt), hatte sich natürlich auch bis zur Academy of Motion Picture Arts and Sciences herumgesprochen, und so war es nicht allzu verwunderlich, als sich im März 1944 schließlich mehrere Mitglieder der *Casablanca*-Besetzung auf der Nominiertenliste wiederfanden. Die Nominierungen für *Casablanca* galten für die Kategorien »bester Film«, »bester Regisseur« (Curtiz), »bestes Drehbuch« (die Epsteins und Howard Koch), »beste Schwarzweiß-Kamera« (Arthur Edeson), »bester Hauptdarsteller« (Humphrey Bogart), »bester Nebendarsteller« (Claude Rains), »bester Schnitt« (Owen Marks) und »beste Musik« (Max Steiner). Damit war Max Steiner bereits zum elftenmal für einen Oscar nominiert! Ingrid Bergman war zwar für ihre Darstellung der Ilsa nicht nominiert, doch wie Selznick schon vermutet hatte, war sie mit *For Whom the Bell Tolls* für ihren ersten Oscar vorgeschlagen worden. Es konnte also ein kleines *Casablanca*-Familientreffen werden.

Die Preisverleihung fand am 3. März 1944 zum erstenmal im Grauman's Chinese Theatre statt, und ein Blick auf die Liste der nominierten Filme zeigt deutlich die Tendenz, die in jenem Jahr vorherrschte. Einige Titel des Jahres 1943 waren: *Action in the North Atlantic, Air Force, The Bombardier, The Commandos Strike at Dawn, Corvette K 225, Destination Tokyo, Five Graves to Cairo, Flight for Freedom, For Whom the Bell Tolls, Hangmen Also Die, In Which We Serve, Mission to Moscow* (ein anderer Michael-Curtiz-Film), *So Proudly We Hail, So This Is Washington, Stand by for Action, This Is the Army* (noch ein

Michael-Curtiz-Film!), *This Land ist Mine, Victory through Air Power* und *Watch on the Rhine*. Wahrlich ein kriegerisches Jahr!

Von all diesen Filmen waren allerdings nur drei ernsthafte Konkurrenten für *Casablanca*. Die übrigen waren lediglich für Außenseiter-Oscars nominiert. Zu ersteren gehörte *For Whom the Bell Tolls* mit 9 Nominierungen, außerdem *The Song of Bernadette* (11 Nominierungen) sowie *Madame Curie* (7). Es folgten *The More the Merrier, The North Star* (beide je 6) und *Watch on the Rhine* (4).

Doch die ersten Nominierten aus dem *Casablanca*-Team gingen an diesem Abend leer aus: Arthur Edeson verlor gegen Arthur Miller *(The Song of Bernadette)*. Und Max Steiner verlor gegen Alfred Newman (ebenfalls *Bernadette*). Hal Wallis sah schon seine schlimmsten Befürchtungen wahr werden, zumal er in der nächsten Kategorie, *Drehbuch nach einer Vorlage*, nun wahrlich nicht mit einem Oscar rechnete: Doch ausgerechnet hier war es soweit. Howard Koch und die Epsteins gewannen, immerhin gegen Autoren wie Dashiell Hammett *(Watch on the Rhine)* und Nunnally Johnson *(Holy Matrimony)*, ihren jeweils ersten Oscar.

Von nun an, dachte Wallis, war eigentlich alles möglich. Doch dann verloren die nächsten Nominierten in Folge: Claude Rains gegen den dicken Charles Coburn *(The More the Merrier)* und Ingrid Bergman, die zweifelsohne, ehrgeizig wie sie war, fest mit einem Oscar gerechnet hatte, gegen Jennifer Jones *(The Song of Bernadette)*, pikanterweise die spätere Frau ihres Mentors David O. Selznick. Humphrey Bogart, der ohnehin nicht mit einem Sieg rechnete, zog den kürzeren – ausgerechnet gegen Paul Lukas *(Watch on the Rhine)*.

Nun gab es nur noch zwei Kategorien: »bester Film« und »beste Regie«. Am allermeisten überrascht, als schließlich sein Name für die beste Regie aufgerufen wurde, war Michael Curtiz. Er stolperte die Treppe hinauf, klemmte sich hinter das Mikrophon und lieferte in seinem holprigen Englisch eine seiner

berühmten Reden ab: »So viele Male hatte ich eine Rede fertig
. . . aber kein Glück. Immer eine Brautjungfer, nie eine ›Mutter‹.
Nun gewinne ich . . . ich habe keine Rede!« Er wollte zwar eigentlich »Braut« sagen, doch auch so war es recht – es brachte
ihm, überlieferten Berichten zufolge, den größten Lacher des
Abends.

Mit Curtiz als bestem Regisseur wurde es bei der Wahl des
besten Films doch noch einmal spannend. Als dann *Casablanca* aus dem Umschlag gezogen wurde, war die Sensation
vollkommen: Hal B. Wallis hatte seinen Triumph (wenn er ihn
damals auch nicht genießen konnte, da sein Boß, Jack Warner,
schneller auf der Bühne war als er), und *Casablanca* neben
der Anerkennung der Zuschauer nun auch noch die höheren
Weihen der Filmindustrie. Paul Henreid hat später gesagt:
»Aller Ruhm und alle Glorie von *Casablanca* gehen auf Hal
Wallis' Kappe!«

Und so war es wohl auch: Hatte nicht Wallis als erster seinem Lektor Karnot geglaubt und die Rechte des Stückes erworben, hatte er nicht, gemeinsam mit seinem Regisseur Curtiz, den Weitblick besessen, *Casablanca* mit Emigranten aus
aller Welt zu besetzen? Insofern gebührt zweifelsohne ihm der
Lorbeer – und doch ist *Casablanca* natürlich alles andere als
der Film eines einzigen Mannes. Entstanden in der Blütezeit
der großen Studios, Produkt vieler verschiedener Köpfe und
Hände, ist *Casablanca* vielmehr das Ergebnis eines bestimmten Systems, das innerhalb starker Normen doch zu einer
großen Individualität fähig war, und das ist eben ein kleines
Wunder! Hinter diesem Wunder steckten große Kinder, die
ihre Träume wahr werden ließen, sowie das Zusammenspiel
von Zufällen und Glücksmomenten. Das Ergebnis aber war ein
populäres Meisterwerk, wie es nicht viele in hundert Jahren
Filmgeschichte geben sollte. *Casablanca* ist ein Film, wie er
heute nicht mehr entstehen kann – und somit ein nostalgisches
Relikt einer vergangenen Zeit. Daß er dennoch so jung und
frisch geliebt ist, ist sein Geheimnis – eben: das Wunder.

Da ist er nun: der populärste Film aller Zeiten, der erste einer langen Reihe von Kultfilmen, vielleicht sogar der Begründer dieser Reihe, der Film, der Bogie zum Mythos machte, der Film mit den schönsten Dialogen, mit dem schönsten Schluß, mit dem schönsten . . . und überhaupt.

Alles in allem aber ist *Casablanca* eigentlich auch nur ein Film.

Doch auch ein Film kann – wie wir wissen – mehr sein als nur ein Stück belichtetes Zelluloid: Er kann Ersatz sein für ein nicht gelebtes Leben, Erinnerung an Träume, die nicht verwirklicht worden sind, Hoffnung auf das, was noch kommen könnte.

Nicht umsonst sprechen noch heute die Zuschauer in jeder Vorführung von *Casablanca* die Dialoge mit ihren eigenen Stimmen mit. So etwas gibt es eigentlich nur noch einmal: in der *Rocky Horror Picture Show* (1974).

Casablanca und die *Rocky Horror Picture Show*?

Warum nicht?

In den vierziger Jahren war *Casablanca* ein guter Film, vielleicht sogar ein überdurchschnittlich guter. Er machte Bogie und die Bergman endgültig zu Stars und blieb den meisten, die ihn gesehen hatten, irgendwie in Erinnerung.

In den fünfziger Jahren war *Casablanca* ein Film, den man irgendwann einmal gesehen hatte, der sehr schön gewesen war und der einen wichtigen Platz in Bogart-Retrospektiven hatte.

Anfang der sechziger Jahre – bis hinein in die siebziger – geschah etwas, was *Casablanca* wieder aus den Kellern des Warner-Archivs hervorhalf: Die Ideale der Väter wurden gekippt, ihre politischen Ansichten, ihr Benehmen, ihr Leben auf den Prüfstein gelegt. Eine Kluft zwischen den Generationen tat sich auf – die alten Helden und Vorbilder wanderten auf den Müll. Nun waren wieder Charaktere wie Humphrey Bogart gefragt.

Als dann alle Versuche einer politischen Revolution gescheitert, die Ideale verloren und die langen Haare das letzte Relikt einer aufrührerischen Gesinnung waren, kamen Figuren wie Humphrey Bogart und Claude Rains um so mehr in Mode: Gebrochene Helden und kalkulierende Opportunisten, die schließlich auf der richtigen Seite landen, waren genau das, was die Leute sehen wollten.

»The Bogartian Man« wurde ein Synonym für den »Helden« der ausgehenden sechziger Jahre: mit einem schiefen Lächeln, nur auf den eigenen Vorteil bedacht (»I stick my neck out for nobody!«), aber mit einer idealistisch-politischen Vergangenheit, die ihn manchmal einholt. Äußerlich ein Zyniker, hartgesotten und ironisch, innerlich weich und nach der »erfüllten Zeit des Kampfes dürstend« – das war's, was die versprengten intellektuellen Barrikadenstürmer brauchten.

Bogie war wieder »in« – und mit ihm *Casablanca*. Bogie war zwar schon lange tot – er war 1957 an Krebs gestorben –, doch nun wurde er unsterblich. In Amerika gab es Leute, die nur an zwei Dinge glaubten: an die Superiorität von Harvard und an die Unsterblichkeit von Humphrey Bogart.

In den Universitätsstädten gab es von nun an während der Examenszeit regelmäßig Bogie-Retrospektiven. Kam ein Student aus einer Prüfung und mußte sich mit neuem Mut aufladen, dann ging er in Cambridge einfach ins Brattle-Theatre, zog sich *Casablanca* rein und kippte hinterher im »Club Casablanca« noch eine Limonade, den Kragen des Trenchcoats hochgeschlagen und den Hut tief über die Brille gezogen.

So wie man früher – nostalgischen Erinnerungen zufolge – populäre Schlager oder Operetten auf der Straße gesungen hatte, so griff man nun immer wieder auf Dialogzeilen aus *Casablanca* zurück: »Ich seh' dir in die Augen, Kleines!« wurde zum häufig gebrauchten Kosewort verhinderter Machos. »Play it« wurde mit dem Zusatz »again« ein immer wiederkehrendes Lob für Dinge, die einem gefallen hatten. Mit »Dies ist der Beginn einer wunderbaren Freundschaft« konnte man von der

Männerfreundschaft bis zur Liebesbeziehung alles besiegeln. Und »As Time Goes By« wurde als Umschreibung alles Vergänglichen so populär, daß manche vergaßen, woher es eigentlich stammt.

Casablanca wurde zu einem Lebensgefühl: Heute erwarten wir von einer Bar mit dem Namen »Casablanca«, daß sie uns in jene Stimmung versetzt, die wir vom Film gewohnt sind, von einer Zigarette mit diesem Namen, daß sie uns ein bogartsches Gefühl vermittelt und von einem Trenchcoat, daß er uns wie Bogie aussehen und in den Trockeneis-Nebel von Casablanca eintauchen läßt. *Casablanca*, das ist der Ersatz für unsere Träume, die Ausrede für unsere Mißerfolge, die Flucht aus der Realität in den schönen Schein.

Casablanca, so hat schon Umberto Eco festgestellt, ist alles und überall – und außerdem unsterblich.

Bevor wir also endgültig ins Taumeln geraten, belassen wir es einfach dabei.

Casablanca ist tot. Lang lebe *Casablanca*.

Epigonen

Filme wie *Casablanca* werden heute nicht mehr gedreht. Gerade deshalb ist das Interesse an ihm ungebrochen. Zweifelsohne ist *Casablanca* einer jener Filme, die am häufigsten untersucht, analysiert, besprochen und in ihre Einzelteile zerlegt worden sind. Kritiker haben darüber geschrieben, Studenten ihre Dissertationen gemacht, Psychoanalytiker ihre Gutachten über die einzelnen Personen verfaßt.

Nicht schlecht für einen Film, über den die New Yorker Kritiker-Päpstin Pauline Kael einmal geschrieben hat: »Ein Film, der zeigt, wie unterhaltend ein schlechter Film sein kann!«

Unterhaltend sind auch einige dieser Analysen. Sie zeigen, was an Subtext – intuitiv oder gewollt – in einen einfachen amerikanischen Studio-Routinefilm hineinfließen kann – und sie zeigen auch, was alles an Dingen herausgelesen werden kann, die kein Mensch je hineintun wollte. Grund genug, zumindest die besten von ihnen zu zitieren.

Sehr oft laufen Analysen von *Casablanca* auf die Aufschlüsselung seiner historisch-politischen Symbolik hinaus: *Casablanca* als Allegorie auf die amerikanische Situation im Zweiten Weltkrieg. Rick steht demnach für Präsident Roosevelt (und »casa blanca« ist der spanische Name für das Weiße Haus!), der zunächst unentschlossen war, ob er sich in das europäische Kriegsgeschehen einmischen solle, sich schließlich aber doch auf die richtige Seite stellte. Rick beschreitet also – genau wie Roosevelt – den Weg von der Neutralität zur aktiven Parteinahme in einem Konflikt. Vor allem zwei Dialogzeilen werden als Beweis dieser These angeführt: »If it's December 1941 in Casablanca (also vermutlich noch vor Pearl Harbour!), what time is it in New York?« fragt Rick Sam, worauf der meint, seine Uhr sei stehengeblieben. »I bet they are asleep in New York«, sagt Rick traurig, »I bet they're asleep all over America.«

Deutlicher geht es nicht mehr, sagen Vertreter der politischen These wie Barbara Deming. Denn 1942, zu Beginn der

Dreharbeiten, war Amerika – im Hinblick auf den Krieg – tatsächlich noch im tiefen Schlaf. Oder, wie Richard Schickel schreibt: *Casablanca* war »ein Paradigma für die persönliche Verpflichtung, das just zu jener Zeit auf der Leinwand erschien, als viele gerade einen persönlichen Entscheidungsprozeß – im Gegensatz zu einem politischen – durchliefen, ob sie gegen den Faschismus kämpfen sollten«. Und auch dafür hatte *Casablanca* den passenden Dialog: »My dear Rick«, sagte Ferrari, »when will you realize that in this world, today, isolationism is no longer a practical policy?«

Eine andere Lesart von *Casablanca* offeriert Harvey Greenberg in »The Movies on Your Mind«: die psychoanalytische. Danach liegt der Schlüssel zu Ricks Charakter in seiner Antwort auf Renaults Frage, warum er nicht nach Amerika zurückkehre. »Did you abscond with the church funds? Did you run off with the senator's wife? I'd like to think you killed a man«, meint Renault, und Rick antwortet: »It was a combination of all three!«

Dazu Greenbergs psychoanalytische Lesart: Der »gestohlene Schatz« sei die Frau eines älteren Mannes, den Rick ermordet habe. Dies sei natürlich eine ödipale Tat: den Vater zu töten, um die Mutter zu besitzen. Ilsa sei nun der Mutterersatz für Rick, Laszlo die Vaterfigur. Rick könne seinen Ödipuskomplex nur überwinden, wenn er den Kampf um die Frau aufgebe und sich mit dem Vater identifiziere . . .

Ähnlich komplex und auf den ersten Blick ziemlich weit vom vertrauten *Casablanca*-Bild entfernt ist eine andere, ebenfalls von Greenberg vertretene These: Danach ist Rick latent homosexuell. Seine Furcht vor Frauen äußere sich in seiner allgemeinen Misogynie und im besonderen in seiner Zurückweisung von Ilsa. *Casablanca* sei somit eine unterdrückte homosexuelle Phantasie, ein »rosa Film«, an dessen Ende zwangsläufig das Bekennen der eigentlichen Zuneigung stehe: Rick und Renault gingen miteinander fort anstatt mit einer Frau. Rechtfertigung für diese Interpretation von *Casablanca* ist unter anderem Renaults Meinung über Rick: »He is the kind of man that . . . well, if I were a woman, and I were not around, I should be in love with Rick.«

Nun ist eine latent homosexuelle Neigung nicht ungewöhnlich für einen einsamen amerikanischen Helden – daraus jedoch gleich zu folgern, *Casablanca* sei im Grunde eine »Schwulenoper«, scheint dennoch ein wenig weit hergeholt.

Viele andere Analysen befassen sich mit der Interaktion der Figuren: So schreibt Richard Corliss, daß die Nebenfiguren eine »barocke Halle von Spiegeln bilden, die Facetten und Brüche des Lebens der Helden spiegeln«. Rick sei das Zentrum der Spiegelgalerie, und Sidney Rosenzweig hat nachgewiesen, daß die Facetten dieses Zentrums sich schon allein in den verschiedenen Namen äußern, die alle anderen Figuren Rick geben: Renault nennt ihn Ricky (was wiederum die homosexuelle These zu stützen scheint), Ilsa nennt ihn Richard, Laszlo Monsieur Blaine. Strasser sagt Mr. Blaine zu ihm, Ugarte und Ferrari Rick. Der Deutsche Carl nennt ihn Herr Rick, Sam sagt Mr. Richard oder Boß. All diese Namen charakterisieren das Verhältnis der jeweiligen Figur zu Rick auf eine sehr genaue Weise.

Generell steht natürlich Rick im Zentrum der Analysen: Rosenzweig und Michael Wood befassen sich mit seiner Rolle im Umfeld der amerikanischen Mythologie, und Rosenzweig zieht darüber hinaus eine Verbindung vom archetypischen amerikanischen Helden Rhett Butler zu Rick Blaine (das hat schon David O. Selznick nach dem ersten Anschauen des Films gemerkt). Gemeinsames äußeres Merkmal – neben einer Unzahl anderer Gemeinsamkeiten – ist, daß sich beide Figuren vorgeblich nur für sich interessieren und am Ende ihre Geliebten verlassen, wenn auch aus unterschiedlichen Gründen. Beide verschwinden im Nebel – als »lonely American hero«.

Rosenzweig versteht in seiner faszinierenden Analyse den Film *Casablanca* und seine Hauptfigur Rick auch als einen Aufruf zu der Einsicht, daß ein Individuum trotz der beständigen Manipulation durch externe Mächte weiterhin die Kraft haben kann, den Lauf der Dinge selbst zu beeinflussen. Auch in dieser Hinsicht ist *Casablanca* also ein sehr moderner Film. Viele der oben zitierten Analysen wirken wie – zweifelsohne beeindruckende – Gedankenspielereien: Sie benützen *Casablanca* als Ausgangspunkt für eigene Gedankengänge, eigene Theorien, sozusagen als Sprungbrett in eine eigene Welt. Und obwohl sie damit alle Geheimnisse von *Casablanca* zu enthüllen versuchen, kreieren sie doch nur neue: *Casablanca*, der Film, seine Magie und seine Kraft bleiben davon unberührt.

Das letzte Geheimnis: Was ist eigentlich in dieser Szene, zwischen zwei Schnitten, wirklich passiert? © Süddeutscher Verlag

So scheint es erlaubt, ungestraft auch über das letzte Geheimnis von *Casablanca* zu spekulieren: Was geschah zwischen Ilsa und Rick in jener zweiten Nacht im Zimmer über Rick's Café, in jenem (Film-)Schnitt zwischen Ilsas Worten »I wish I didn't love you so much« sowie dem darauffolgenden Kuß und dem Auftauchen von Laszlo und Carl, die sich vor den Vichy-Häschern in die Bar flüchteten?

Der amerikanische Autor Robert Coover hat in seinem wunderbar schamlosen Buch »A Night At The Movies« darüber phantasiert, hat aus einem kurzen, elliptischen Schnitt eine Liebesnacht zwischen Rick und Ilsa gemacht, die nichts offenläßt von dem, was *Casablanca*-Fans vielleicht schon immer über das Liebesleben ihrer Stars wissen wollten, aber nie zu fragen wagten. Beschließen wir diese analytische Abhandlung also mit zwei nahezu »gotteslästerlichen« Auszügen aus seinem Buch – *Casablanca* wird auch das unbeschadet überstehen –: »Sie fallen zu Boden, grabschen und reißen einander die Kleider vom Leib. Er versucht, ihren Büstenhalter abzubekommen, der sich jetzt in der Bluse verheddert hat, sie kämpft mit seinem Gürtel, zieht heftig an seiner schwarzen Hose, macht sie mit Gewalt auf. Knöpfe fliegen, Strapse springen auf, sanftes Reißen von Seide, Klimpern von Schnallen und fallenden Münzen, Ächzen, Stöhnen, Gewimmer der Lust . . .«

Und als dann alles vorbei ist – gut vierzehn Seiten später (in der deutschen Ausgabe) -, findet Coover schließlich noch zu einem magischen Bild, das, bei aller Obszönität, *Casablanca* würdig ist: »Glaubte Rick Blaine an Engel«, heißt es da, »dann sähen sie aus wie Ilsas überirdische Hinterbacken!«

Devotionalien

Die Magie von *Casablanca* ist ungebrochen.

Der Film und seine Stars sind unsterblich. *Casablanca* ist so frisch wie am 26. November 1942, als er zum erstenmal das Licht eines öffentlichen Kinos erblickte.

164

Der Mythos von *Casablanca* ist ungebrochen, seine Anziehung funktioniert noch heute. Generationen, die noch nicht geboren waren, als *Casablanca* schon eine Legende war, sehen diesen Film mit wachsender Begeisterung. Als vor einigen Jahren *Casablanca* in London im Zuge einer Wiederaufführung Premiere hatte, standen schon Stunden vor Kassenöffnung riesige Schlangen um den Block. Alle anderen Kinos im Londoner Westend, die Filme mit aktuellen Stars zeigten, waren gähnend leer.

Die Jugend von *Casablanca* ist ungebrochen: *Casablanca* altert nicht.

Logischerweise ist somit auch der Markt für alle Arten von *Casablanca*-Devotionalien groß: Gegenstände, Gesten, Worte und Haltungen aus *Casablanca* sind in die Werbung, den täglichen Sprachgebrauch und sogar die Literatur eingeflossen, haben sich verselbständigt und ein Eigenleben begonnen.

Auf Versteigerungen haben Trenchcoats, von denen behauptet wurde, Bogart habe sie getragen, lächerlich große Summen erzielt, eine japanische Firma ersteigerte 1988 das Klavier, das als das Original-Klavier von *Casablanca* annonciert wurde, für 154 000 Dollar. Der Verehrung sind keine Grenzen gesetzt.

Werbespots mit Bogart-Epigonen im Trenchcoat, die mystisch-umnebelt ein Produkt anpreisen, sind immer wieder zu sehen gewesen. Die Flughafen-Szene ist sicherlich die am meisten zitierte und nachgeahmte Szene der Filmgeschichte. Radiospots haben auf jede nur mögliche Art vom *Casablanca*-Mythos profitiert. *Casablanca*-Dialoge sind, original oder abgewandelt (»Ich schau dir auf die Lippen, Kleiner!«), Legion.

Zigarettenmarken haben Bogies unverwechselbare Silhouette mit Trenchcoat, Hut und Zigarette für ihre Zwecke benutzt. Slogans wie »Drehbeginn für (xyz's) Casablanca« oder »Geschmack führt Regie. Und der Duft eines jungen Abends irgendwo im Norden Afrikas« haben versucht, die Emotionen von *Casablanca* im Verbraucher zu erwecken. Computerbücher haben Dialoge aus *Casablanca* zu Software-Bezeichnungen gemacht. Und ein Schauspieler, Robert Sacchi, hat aufgrund seiner Ähnlichkeit mit Bogie mit Filmen wie *The Man With Bogart's Face* (1980) und Shows wie »Bogart is Back« sogar seinen Lebensunterhalt bestritten.

Casablanca ist tatsächlich überall: Keine Stadt, in der es nicht eine »Casablanca«-Bar gibt, kein Tag, an dem *Casablanca* nicht über die Fernseher der Welt flimmert, von irgendeiner privaten Kabelstation ausgesendet – oder einfach über Video. Vermutlich gibt es – zumindest in der westlichen Welt – wirklich niemand, der *Casablanca* nicht kennt oder zumindest von ihm gehört hat.

Casablanca – das ist nicht einfach nur ein Film, sondern ein Lebensgefühl, die Beschreibung einer ganz bestimmten Emotion.

Casablanca, das ist aber auch der schönste Film der Welt. Das schönste Gefühl, die schönste Love-Story, die schönste Geschichte einer Freundschaft.

Casablanca, das ist ein Traum schlafloser Nächte. Vom tiefen Süden, von unvergänglicher Liebe, von ewiger Freundschaft, vom unendlichen Sein

Casablanca, das ist ein Licht von der Höhe des Himmels auf hitzeflirrendes Land. Das ist eine kühle Mondnacht unter afrikanischem Sternenhimmel, weitab von allen Wirrnissen dieser Erde.

Casablanca, das sind die Geheimnisse der Welt.

Casablanca, das ist »You must remember this« . . .

Casablanca, das ist . . .

Und dabei soll es auch bleiben.

Abspann

Casablanca

USA, 1942

Executive Producer	JACK L. WARNER
Produzent	HAL B. WALLIS
Produktionsfirma	WARNER BROTHERS
Co-Produzent	JERRY WALD
Herstellungsleitung	STEVE TRILLING
Drehbuch	JULIUS J. EPSTEIN
	PHILIP G. EPSTEIN
	HOWARD KOCH
sowie (ungenannt)	CASEY ROBINSON
	ALBERT MALTZ
nach dem Bühnenstück	»EVERYBODY COMES TO RICK'S«
von	MURRAY BURNETT und JOAN ALISON
Treatment (ungenannt)	AENEAS MACKENZIE und WALLY KLINE
Drehbuchberatung (ungenannt)	LENORE COFFEE
Regie	MICHAEL CURTIZ
Regieassistenz	LEE KATZ
Produktionsleitung	TENNY WRIGHT
Aufnahmeleitung	AL ALLEBORN
Kamera (schwarzweiß)	ARTHUR EDESON, A.S.C.
Dialogregisseur	HUGH MACMULLAN
Schnitt	OWEN MARKS
Art Director	CARL JULES WEYL
Ausstattung	GEORGE JAMES HOPKINS
Make-up	PERC WESTMORE
Kostüme	ORRY-KELLY
Titelsequenz-Montage	DON SIEGEL
	JAMES LEICESTER

Special Effects/Regie	LAWRENCE BUTLER
/Kamera	WILLARD VAN ENGER, A.S.C.
Ton	FRANCIS J. SCHEID
Musik	MAX STEINER
Instrumentierungen	HUGO FRIEDLANDER
Es spielt das	WARNER SYMPHONY ORCHESTRA
unter Leitung von	LEO F. FORBSTEIN
Song-Arrangements	FRANK PERKINS
Pianist	ELLIOT CARPENTER
Fachberatung	MAJOR ROBERT AISNER/ WAR DEPARTMENT, WASHINGTON
Format	35 MM/SCHWARZWEISS 1:1,33
Länge	104 MINUTEN

(In der deutschen Synchronfassung des Jahres 1951 fehlten 24 Minuten: der gesamte politische Bezug war eliminiert. Erst die Synchronversion, die das Erste Deutsche Fernsehen (ARD) 1975 in Auftrag gab, rekonstruierte das Original.)

DIE DARSTELLER UND IHRE ROLLEN

Richard »Rick« Blaine	HUMPHREY BOGART
Ilsa Lund	INGRID BERGMAN
Victor Laszlo	PAUL HENREID
Capitaine Louis Renault	CLAUDE RAINS
Major Heinrich Strasser	CONRAD VEIDT
Senor Ferrari	SYDNEY GREENSTREET
Ugarte	PETER LORRE
Carl, ein Kellner	S. Z. SAKALL
Yvonne	MADELEINE LE BEAU

168

Sam	DOOLEY WILSON
Annina Brandel	JOY PAGE
Berger	JOHN QUALEN
Sascha, ein Barkeeper	LEONID KINSKEY
Jan Brandel	HELMUT DANTINE
Dunkler Europäer (Taschendieb)	CURT BOIS
Emile, der Croupier	MARCEL DALIO
Sängerin	CORINNA MURA
Herr Leuchtag	LUDWIG STÖSSEL
Frau Leuchtag	ILKA GRÜNING
Captain Tonelli	CHARLES LA TORRE
Arabischer Verkäufer	FRANK PUGLIA
Abdul	DAN SEYMOUR
Kellner im »Blue Parrot«	OLIVER PRICKETT
Deutscher Bankier	TORBEN MEYER
Kellner	GINO CORRADO
Lt. Casselle	GEORGE DEE
Engländerin	NORMA VARDEN
Fyodor	LEO MOSTOVOY
Heinze	RICHARD RYEN
Oberkellner	MARTIN GARRALAGA
Reicher Mann	OLAF HYTTEN
Amerikaner	MONTE BLUE
Verkäufer	MICHAEL MARK
Händler	LEON BELASCO
Marokkaner	PAUL PORCASI
1. Deutscher Offizier	HANS VON TWARDOWSKI
Französischer Offizier	ALBERT MORIN
Kunde	CREIGHTON HALE
2. Deutscher Offizier	HENRY ROWLAND
Schmuggler	LOUIS MERCIER
	GREGORY GAY
	GEORGE MEEKER
Erzählerstimme	LOU MARCELLE

Aufnahmeort	SOUND STAGE 8,9 & 1
	WARNER STUDIOS/
	FIRST NATIONAL STUDIOS
	4000 WARNER BOULEVARD
	BURBANK, HOLLYWOOD
sowie	OLD METROPOLITAN AIRPORT
	VAN NUYS, L. A.
Drehzeit	59 TAGE
	25. MAI – 3. AUGUST 1942
Weltpremiere	26. NOVEMBER 1942
	WARNER'S HOLLYWOOD THEATRE
	MANHATTAN, N. Y.
Verleih	WARNER BROS. PICTURES INC./
	FIRST NATIONAL
US-Start	23. FEBRUAR 1943

SONGS

»As Time Goes By«
Herman Hupfeld

»Shine«
Ford Dabney & Cecil Mack

»It Had to Be You«
Isham Jones & Gus Kahn

»That's What Noah Done«
»Muse's Call«
»Knock on Wood«
Moe Jerome & Jack Scholl

»Perfidia«
»La Marseillaise«
Claude Joseph Rouget de Lisle

»Die Wacht am Rhein«
Max Schneckenburger & Carl Wilhelm

Literatur

zu Casablanca

Anobile, Richard J.: Michael Curtiz's Casablanca, London 1974.

Behlmer, Rudy: America's Favorite Movies, New York 1982.

Ders.: Inside Warner Bros. (1935–1951), New York 1985.

Day, Barry: Casablanca. In: Films and Filming, August 1974.

Deming, Barbara: Running Away From Myself, New York 1969.

Eco, Umberto: Casablanca oder die Wiedergeburt der Götter. In: Ders.: Über Gott und die Welt. Essays und Glossen, München ²1988.

Faulstich, Werner/Faulstich, Ingeborg: Modelle der Filmanalyse, München 1977.

Francisco, Charles: You Must Remember This . . ., Englewood Cliffs 1980.

Greenberg, Harvey R.: The Movies on Your Mind, New York 1975.

Haver, Ronald: Casablanca. In: Journal of the Film and Television Arts, Juni 1976.

Hoppe, Ulrich: Casablanca, München 1983.

Jeff, Leonard J.: Film Plots Vol. I., Pierian 1983.

Koch, Howard: Casablanca. Script and Legend, New York 1973.

Rosenzweig, Sidney: Casablanca and Other Major Films of Michael Curtiz, Ann Arbor 1982.

Schickel, Richard: Some Nights in Casablanca. In: Philip Nobile (Hg.), Favorite Movies, New York.

Wood, Michael: America in the Movies, New York.

Allen, J. C.: Conrad Veidt, Pacific Grove 1987.

Bergman, Ingrid/Burgess, Alan: My Story, New York 1980.

Beyer, Friedemann: Peter Lorre, München 1988.

Dalio (und Lucovich, Jean-Pierre de). Mes Années Folles, Paris 1976.

Dialogue on Film: Hal B. Wallis, In: The American Film Institute, März 1975.

Guidorizzi, Mario: Michael Curtiz. Un Europeo a Hollywood, Verona 1981.

Henreid Paul (und Fast, Julius): Ladies' Man, New York 1984.

Hochman, Stanley: The Library of Film Criticism. American Film Directors: Michael Curtiz, New York 1975.

Hyams, Joe: Bogie, London 1971.

Jansen, Peter W./Schütte, Wolfram: Humphrey Bogart, München 1985.

Dies.: Woody Allen, München 1980.

Johnson, Diane: Dashiell Hammett, Zürich 1983.

Kinnard, Roy/Vitone, R. J.: The American Films of Michael Curtiz, Metuchen 1986.

McCarty, Clifford: Humphrey Bogart, München 1981.

Mancia, Adrienne (Hg.): Hal B. Wallis, New York 1971.

Mank, Gregory William: The Hollywood Hissables: Claude Rains, Metuchen 1989.

Quirk, Lawrence, J.: Ingrid Bergman, München 1982.

Stresau, Norbert: Der Oscar, München 1985.

Truffaut, François: Die Filme meines Lebens, München 1979.

Viviani, Christian: Michael Curtiz, Paris 1973.

Whittemore, Don/Cecchettini, Philip Alan: Passport to Hollywood. Film Immigrants Anthology: Michael Curtiz, New York 1979.

Youngkin, Stephen D.: The Films of Peter Lorre, Secaucus 1982.

Allgemein

Bogdanovich, Peter: Pieces of Time, New York 1973.

Cameron, Judy/Christman, Paul J.: The Art of Gone With The Wind, New York 1989.

Camonte, Tony S.: 100 Jahre Hollywood, München 1987.

Chatwin, Bruce: In Patagonia, London 1977.

Coover, Robert: A Night At The Movies. You Must Remember This, New York 1987. – Dt. Ausgabe: Casablanca. Spätvorstellung, Reinbek b. Hamburg 1990.

Donald, Ralph: Hollywood and World War II: Enlisting Feature Films as Propaganda, Ann Arbor 1987.

Freedland, Michael: The Warner Brothers, London 1983.

Heinzelmeier, Adolf/Schulz, Berndt: Kinoklassiker, Hamburg 1984.

Higham, Charles: Warner Brothers, New York 1975.

Ders./Greenberg, Joel: Hollywood in the Forties, London 1971.

Ders.: The Art of the American Film 1900–1971, New York 1973.

Hirschhorn, Clive: The Warner Bros. Story, London 1979.

Lewis, Mark: The Movie Book. The 1940's, New York 1988.

Loustal/Topin, Tito: V Comme Engeance, Paris 1988.

Schäfer, Horst/Schobert, Walter: 111 Meisterwerke des Films, München 1987.

Spanik, Christian/Rügheimer, Hannes: MS-DOS, Haar 1989.

Taylor, John Russell: Hollywood 1940's, New York 1985.

Zu diesem Buch

Alle englischen Original-Dialoge von »Casablanca« sind einer im Besitz von Julius J. Epstein befindlichen Kopie des Original-Drehbuches in der Fassung vom 1. Juni 1942 entnommen und mit den Dialogen der protokollierten Film-Fassung in Richard J. Anobile's Buch »Michael Curtiz's Casablanca« (London, 1974) verglichen worden. In Abweichungen und im Fall von geschnittenen Szenen wurde zugunsten der vorliegenden Filmversion entschieden.

Alle deutschen Dialog-Übersetzungen stammen aus der 1975 von der ARD angefertigten Synchronfassung von Wolfgang Schick und wurden aus dem Film entnommen.

Die Übersetzung der Passage aus Robert Coovers Buch »A Night At the Movies. You Must Remember This« stammt von Karin Graf und wurde der bei Rowohlt erschienenen deutschen Ausgabe des Buches (»Casablanca, Spätvorstellung«, Reinbek bei Hamburg, 1990) entnommen.

Danksagung

an Michael Althen, Volker Maria Arend, Robert Fischer, Sabine Jarothe, Kristine Krueger, Ulrich Kurowski, Wolfgang Längsfeld, Ria Lottermoser, Bernhard Matt, Sigrid Narnhammer, Martin Sobbe, Martin Thau, sowie Julius J. Epstein.

Widmung

Für Bruce Chatwin – er hätte geahnt, warum –
und für Gabriele – sie weiß, warum.

HEYNE FILM- UND FERNSEHBIBLIOTHEK

DIE GROSSEN REGISSEURE

Reinhold Rauh
WOODY ALLEN
Seine Filme – sein Leben
32/154

Willi Winkler
DIE FILME VON FRANÇOIS TRUFFAUT
32/80

BILLY WILDER
Seine Filme · sein Leben
32/116

Alfred
HITCHCOCK
und seine Filme
von BODO FRÜNDT
32/91

WIM WENDERS
und seine Filme
von REINHOLD RAU
32/144

WILHELM HEYNE VERLAG MÜNCHEN